”مَعْرِفَةُ الْقُرْاٰن عَلٰی کَنْزِ الْعِرْفَان“ سے متعلق کچھ ضروری باتیں

مَعْرِفَةُ الْقُرْاٰن دورِ جدید کے تقاضوں کے عین مطابق قرآنِ مجید کا آسان اور منفرد لفظی ترجمہ ہے، یہاں اس سے متعلق چند فنی باتیں اور اس کی خصوصیات ملاحظہ ہوں،

1 قرآنِ مجید کا متن P.D.F فارمیٹ میں موجود مکتبۃ المدینہ کے مطبوعہ نسخے سے پیسٹ کیا گیا اور پیسٹنگ کے بعد دو مرتبہ اصل نسخے سے باریک بینی کے ساتھ تقابل کیا گیا ہے تاکہ حتَّی المقدور متن میں غلطی کا امکان نہ رہے۔ نیز ایک لائن میں اتنا متن پیسٹ کیا گیا ہے جتنے نیچے اجزاء مذکور ہیں اور لائن کے شروع اور آخر سے فاصلہ ختم کرنے کے لئے کمپیوٹر سافٹ ویئر کے ذریعے متنِ قرآن کے ٹیکسٹ کو مناسب حد تک پھیلا کر لائن کا شروع اور آخر برابر کیا گیا ہے۔

2 مختلف خانے بنا کر ان میں آیات کے اجزاء لکھے گئے اور ان کے رَسمُ الْخَط کو حتَّی الامکان متنِ قرآن کے رَسمُ الْخَط کے مطابق رکھنے کے لئے ”اَلْمُصْحَف“ فاؤنٹ استعمال کیا گیا ہے۔

3 قرآنِ مجید کا اصل رَسمُ الْخَط برقرار رکھنے کے لئے اجزاء میں تقسیم کے دوران الفاظ کے ساتھ متصل حروف اور ضمائر وغیرہ کو جدا لکھنے کی بجائے ایک ساتھ لکھا ہے اور مختلف رنگوں کے ذریعے انہیں اور ان کا ترجمہ ممتاز کر دیا ہے، جیسے ”مِمَّا“ میں ”مِنْ“ اور ”مَا“ کو اور ”اَنْفُسَهُمْ“ میں ”اَنْفُسَ“ اور ”هُمْ“ کو الگ الگ لکھنے کی بجائے ایک ساتھ لکھا اور رنگوں کے ذریعے ان الفاظ اور ان کے ترجمے میں امتیاز کر دیا ہے۔

4 بعض مقامات پر معنیٰ سمجھنے میں آسانی کے پیشِ نظر غیر متصل حروف و الفاظ اور اضافت سے خالی الفاظ کو بھی ایک ہی خانے میں لکھا گیا اور رنگوں کے ذریعے ان کے معانی میں امتیاز کیا گیا ہے۔ جیسے ”فِی الْاَرْضِ“ کو ایک ہی خانے میں لکھا ہے۔

5 صیغہ خواہ منفی ہو جیسے ”لَمْ تُنْذِرْ“ اور ”لَا يَعْلَمُوْنَ“ اور ”لَنْ تَفْعَلُوْا“ یا دوسرا جیسے ”كُنْتُمْ تَكْتُمُوْنَ“ مکمل صیغہ ایک ہی خانے میں لکھا ہے اسی طرح بعض مقامات پر پورا جملہ جیسے ”فَتَابَ عَلَيْهِ“ بھی ایک ہی خانے میں لکھا ہے تاکہ آیت کا اصل مرادی ترجمہ لکھنے میں آسانی رہے۔

6 ترجمے میں سلاست (روانی) کو برقرار رکھنے اور عربی الفاظ کے مفہوم کو مزید واضح کرنے کے لئے اضافت والے الفاظ جیسے ”كَلٰمَ اللّٰهِ“ کو ایک ہی خانے میں لکھا گیا اور رنگوں کے ذریعے ان کے ترجمے کی نشاندہی کر دی گئی ہے۔

7 حروف و الفاظ کا اصل وضع کے اعتبار سے جو ترجمہ بنتا ہے اسے لکھنے کا التزام کیا گیا اور ان کا مرادی اور مفہومی ترجمہ بریکٹ میں لکھ دیا ہے جیسے ”وَ اَنْتُمْ تَعْلَمُوْنَ“ میں مذکور ”وَ“ حالیہ ہے، اس کا ترجمہ یوں لکھا ہے ”اور

اشاعت: محرم الحرام ۱۴۴۷ھ، جون 2025ء تعداد: 5000 (پانچ ہزار)

(حالانکہ)" البتہ بعض مقامات پر لغوی ترجمہ لکھنے میں شرعی مسائل ہونے کی وجہ سے تاویلی ترجمہ لکھا ہے اور حتّی الامکان حاشیہ لگا کر ایسے مقامات کی وضاحت کر دی ہے۔

8 جن حروفِ زائدہ کا باقاعدہ کوئی ترجمہ نہیں بنتا انہیں کوئی رنگ کئے بغیر اسی طرح برقرار رکھا ہے جیسے "بِمُؤْمِنِيْنَ" میں حرف "ب" اور "مُؤْمِنِيْنَ" کو ایک ہی رنگ میں لکھا ہے۔

9 لفظی ترجمے کے ساتھ ایک بامحاورہ ترجمے کا بھی اضافہ کیا گیا ہے اور یہ ترجمہ تفسیر "صراط الجنان فی تفسیر القرآن" میں چھپا ہوا "کنز العرفان فی ترجمۃ القرآن" لکھا گیا ہے۔

10 سمجھنے میں آسانی کے لئے موقع محل کی مناسبت سے بریکٹوں میں الفاظ کا اضافہ کیا گیا اور ان کا رنگ سیاہ رکھا گیا ہے۔ نیز اجزاء میں جہاں آیت ختم ہوئی یونہی بامحاورہ ترجمے میں جہاں ایک آیت کا ترجمہ ختم ہوا وہاں اختتامیہ نشان ○ بھی ڈال دیا ہے۔

11 قرآن پاک میں بعض اوقات ایک آیت میں مختلف چیزیں بیان ہوتی ہیں اور بعض اوقات دو تین آیات کے بعد نئی بات شروع ہو جاتی ہے، فہمِ قرآن یعنی قرآن سمجھنے میں آسانی کیلئے ہم نے ہر ایسی جگہ پر نیا عنوان لگا دیا ہے جس کا فائدہ یہ ہے کہ اس نئے عنوان کو پڑھنے کے بعد وہاں سے شروع ہونے والی آیات کو بڑی آسانی سے سمجھا جاسکے گا کیونکہ پہلے سے معلوم ہو جائے گا کہ اب اس مضمون کی آیات آرہی ہیں۔

12 عنوانات صفحے کی سائیڈ میں لکھے ہیں اور جن آیات میں وہ عنوان بیان ہوا ہے انہیں اور ان کے بامحاورہ ترجمے کو مختلف رنگوں کے ذریعے ممتاز کیا ہے تاکہ قاری بآسانی سمجھ سکے کہ اس عنوان کا مضمون کہاں سے کہاں تک ہے، نیز موقع کی مناسبت سے تفسیر صراط الجنان اور دیگر معتبر تفاسیر سے مختصر اور جامع حواشی بھی لگائے گئے ہیں۔

13 حروف و الفاظ کے معنیٰ متعین کرنے کے لئے چار رنگوں کا استعمال کیا گیا ہے، سبز، سرخ، نیلا اور جامنی۔ پہلے تین رنگ مختلف حروف و الفاظ کے لئے استعمال کئے گئے ہیں اور جامنی رنگ بطورِ خاص لفظی ترجمے میں آنے والے اضافی الفاظ کے لئے استعمال کیا گیا ہے تاکہ قاری آسانی کے ساتھ یہ سمجھ سکے کہ جامنی رنگ والے الفاظ کسی خاص لفظ کا ترجمہ نہیں ہیں۔ جیسے "بِهٰذَا مَثَلًا" اور اس کا ترجمہ "اس مثال کے ساتھ"

اللہ تعالیٰ اس کوشش کو اپنی بارگاہ میں قبول فرمائے اور اسے میری، میرے اہلِ خانہ، رشتہ داروں، دوست احباب اور دیگر متعلقین کی نجات کا ذریعہ بنائے اور جن جن احباب نے اس کام کے سلسلے میں تعاون کیا ان کی کوششوں کو بھی قبول و منظور فرمائے اور سب کی بے حساب مغفرت فرمائے۔

ابو الصالح محمد قاسم قادری

آیات: 07 | رکوع: 01

سُوْرَةُ الْفَاتِحَةِ مَكِّيَّةٌ

بِسْمِ اللّٰهِ الرَّحْمٰنِ الرَّحِیْمِ ○

بِسْمِ	اللّٰهِ	الرَّحْمٰنِ	الرَّحِیْمِ ○
نام سے (شروع)	اللہ	نہایت مہربان	رحمت والا

اللہ کے نام سے شروع جو نہایت مہربان، رحمت والا ہے ○

اَلْحَمْدُ لِلّٰهِ رَبِّ الْعٰلَمِیْنَ ۙ﴿۱﴾ الرَّحْمٰنِ الرَّحِیْمِ ۙ﴿۲﴾

اَلْحَمْدُ	لِلّٰهِ	رَبِّ	الْعٰلَمِیْنَ ﴿۱﴾	الرَّحْمٰنِ	الرَّحِیْمِ ﴿۲﴾
تمام تعریفیں	اللہ کے لئے	پالنے والا	سارے جہان (والوں کا)	بہت مہربان	رحمت والا

سب تعریفیں اللہ کے لئے ہیں جو تمام جہان والوں کا پالنے والا ہے ○ بہت مہربان رحمت والا ○

مٰلِكِ یَوْمِ الدِّیْنِ ؕ﴿۳﴾ اِیَّاكَ نَعْبُدُ وَ اِیَّاكَ نَسْتَعِیْنُ ؕ﴿۴﴾

مٰلِكِ	یَوْمِ	الدِّیْنِ ﴿۳﴾	اِیَّاكَ	نَعْبُدُ	وَ	اِیَّاكَ	نَسْتَعِیْنُ ﴿۴﴾ (1)
مالک	دن، روز	جزاء، بدلہ	تیری	ہم عبادت کرتے ہیں	اور	تجھ سے	ہم مدد چاہتے ہیں

جزاء کے دن کا مالک ○ ہم تیری ہی عبادت کرتے ہیں اور تجھ ہی سے مدد چاہتے ہیں ○

اِهْدِنَا الصِّرَاطَ الْمُسْتَقِیْمَ ۙ﴿۵﴾ صِرَاطَ الَّذِیْنَ اَنْعَمْتَ

اِهْدِنَا	الصِّرَاطَ	الْمُسْتَقِیْمَ ﴿۵﴾ (2)	صِرَاطَ	الَّذِیْنَ	اَنْعَمْتَ
ہمیں دکھا، چلا	راستہ	سیدھا	راستہ	ان لوگوں کا	تو نے انعام، احسان کیا

ہمیں سیدھے راستے پر چلا ○ ان لوگوں کا راستہ جن پر تو نے احسان کیا ○

عنوان: اللہ تعالیٰ کی حمد اور اُس کی صفات — صرف اللہ عَزَّوَجَلَّ کی عبادت اور اسی سے حقیقی استعانت — صراطِ مستقیم پر چلنے کی دعا — سیدھا راستہ وہی ہے جو نیک لوگوں کا ہو

(1)...... حقیقی مددگار اللہ تعالیٰ ہی ہے کیونکہ وہ ذاتی طور پر قادر، مستقل مالک اور غنی بے نیاز ہے جبکہ اللہ تعالیٰ کے مقبول بندے اس کی عطا سے مددگار ہیں۔ مزید تفصیل تفسیر صراط الجنان، ج1، ص49 پر ملاحظہ فرمائیں۔

(2)...... صراط مستقیم سے مراد ''عقائد کا سیدھا راستہ'' ہے، جس پر تمام انبیاء کرام عَلَیْهِمُ السَّلَام چلے یا اِس سے مراد ''اسلام کا سیدھا راستہ'' ہے جس پر صحابۂ کرام عَلَیْهِمُ الرِّضْوَان، بزرگانِ دین اور اولیاءِ عظام رَحِمَهُمُ اللّٰه چلے۔

عَلَيۡهِمۡ غَيۡرِ الۡمَغۡضُوۡبِ عَلَيۡهِمۡ وَ لَا الضَّآلِّيۡنَ ﴿۷﴾ ع

الضَّآلِّيۡنَ ﴿۷﴾ (1)	لَا	وَ	عَلَيۡهِمۡ	الۡمَغۡضُوۡبِ	غَيۡرِ	عَلَيۡهِمۡ
بہکے ہوئے، گمراہوں (کا)	نہ	اور	ان پر	(ان کا کہ) غضب کیا گیا	نہ	ان پر

نہ کہ ان کا راستہ جن پر غضب ہوا اور نہ بہکے ہوؤں کا ○

رکوع: 40 — سُوۡرَةُ الۡبَقَرَةِ مَدَنِيَّةٌ — آیات: 286

بِسۡمِ اللّٰهِ الرَّحۡمٰنِ الرَّحِيۡمِ

الرَّحِيۡمِ	الرَّحۡمٰنِ	اللّٰهِ	بِسۡمِ
رحمت والا	نہایت مہربان	اللہ	نام سے (شروع)

اللہ کے نام سے شروع جو نہایت مہربان، رحمت والا ہے۔

الٓمّٓ ﴿۱﴾ ذٰلِكَ الۡكِتٰبُ لَا رَيۡبَ ۛۚ فِيۡهِ ۛۚ هُدًى

هُدًى	فِيۡهِ	لَا رَيۡبَ	الۡكِتٰبُ	ذٰلِكَ	الٓمّٓ ﴿۱﴾ (2)
ہدایت	اس میں	کوئی شک نہیں	خاص کتاب	وہ (بلند رتبہ)	حروفِ مقطعات

الٓمّٓ ○ وہ بلند رتبہ کتاب جس میں کسی شک کی گنجائش نہیں۔ اس میں

لِّلۡمُتَّقِيۡنَ ﴿۲﴾ الَّذِيۡنَ يُؤۡمِنُوۡنَ بِالۡغَيۡبِ وَ

وَ	بِالۡغَيۡبِ	يُؤۡمِنُوۡنَ	الَّذِيۡنَ	لِّلۡمُتَّقِيۡنَ ﴿۲﴾
اور	غیب پر	ایمان لاتے ہیں	وہ لوگ جو	پرہیز گاروں، ڈرنے والوں کے لئے

ڈرنے والوں کے لئے ہدایت ہے ○ وہ لوگ جو بغیر دیکھے ایمان لاتے ہیں اور

عنوان: قرآن شک وشبہ سے پاک ہدایت کی کتاب ہے — متقین کے اوصاف

(1) جن پر اللہ تعالیٰ کا غضب ہوا ان سے مراد یہودی یا بد عمل اور بہکے ہوؤں سے مراد عیسائی یا بد عقیدہ لوگ ہیں۔

(2) یہ حروف اللہ تعالیٰ کے راز ہیں اور متشابہات میں سے ہیں، ان کی مراد اللہ تعالیٰ اور اس کا رسول صَلَّی اللّٰہُ عَلَیْہِ وَسَلَّم جانتے ہیں اور ہم ان کے حق ہونے پر ایمان لاتے ہیں۔

يُقِيْمُوْنَ الصَّلٰوةَ وَمِمَّا رَزَقْنٰهُمْ يُنْفِقُوْنَ ﴿٣﴾

يُقِيْمُوْنَ	الصَّلٰوةَ	وَ	مِمَّا	رَزَقْنٰهُمْ	يُنْفِقُوْنَ ﴿٣﴾ (1)
قائم کرتے ہیں	نماز	اور	(کچھ اس میں) سے جو	ہم نے رزق دیا انہیں	خرچ کرتے ہیں

نماز قائم کرتے ہیں اور ہمارے دیئے ہوئے رزق میں سے کچھ (ہماری راہ میں) خرچ کرتے ہیں ○

وَالَّذِيْنَ يُؤْمِنُوْنَ بِمَآ اُنْزِلَ اِلَيْكَ وَمَآ

وَ	الَّذِيْنَ	يُؤْمِنُوْنَ	بِمَآ	اُنْزِلَ	اِلَيْكَ	وَ	مَآ
اور	وہ لوگ جو	ایمان لاتے ہیں	(اس) پر جو	نازل کیا گیا	آپ کی طرف	اور	جو

اور وہ ایمان لاتے ہیں اس پر جو تمہاری طرف نازل کیا اور جو

اُنْزِلَ مِنْ قَبْلِكَ ۚ وَبِالْاٰخِرَةِ هُمْ يُوْقِنُوْنَ ﴿٤﴾ اُولٰٓىِٕكَ عَلٰى

اُنْزِلَ	مِنْ	قَبْلِكَ (2)	وَ	بِالْاٰخِرَةِ	هُمْ	يُوْقِنُوْنَ ﴿٤﴾	اُولٰٓىِٕكَ	عَلٰى
نازل کیا گیا	سے	آپ سے پہلے	اور	آخرت پر	وہ	یقین رکھتے ہیں	یہ لوگ	پر

تم سے پہلے نازل کیا گیا اور وہ آخرت پر یقین رکھتے ہیں ○ یہی لوگ

هُدًى مِّنْ رَّبِّهِمْ ۗ وَاُولٰٓىِٕكَ هُمُ الْمُفْلِحُوْنَ ﴿٥﴾

هُدًى	مِّنْ	رَّبِّهِمْ	وَ	اُولٰٓىِٕكَ	هُمُ	الْمُفْلِحُوْنَ ﴿٥﴾
ہدایت	کی طرف سے	اپنے رب	اور	یہ لوگ	وہ	فلاح، کامیابی پانے والے (ہیں)

اپنے رب کی طرف سے ہدایت پر ہیں اور یہی لوگ کامیابی حاصل کرنے والے ہیں ○

اِنَّ الَّذِيْنَ كَفَرُوْا سَوَآءٌ عَلَيْهِمْ ءَاَنْذَرْتَهُمْ

اِنَّ	الَّذِيْنَ	كَفَرُوْا	سَوَآءٌ	عَلَيْهِمْ	ءَاَنْذَرْتَهُمْ
بیشک	وہ لوگ جو (جنہوں نے)	کفر کیا	برابر (ہے)	ان پر	کیا آپ ڈرائیں انہیں

بیشک وہ لوگ جن کی قسمت میں کفر ہے ان کے لئے برابر ہے کہ آپ انہیں ڈرائیں

عنوان: متقی لوگوں کا صلہ، دنیا میں ہدایت اور آخرت میں کامیابی — کچھ خاص کافروں کا حال اور ان کا انجام

1 ...... اس سے معلوم ہوا کہ راہِ خدا میں مال خرچ کرنے میں ایسا نہیں ہونا چاہئے کہ اتنا زیادہ مال خرچ کر دیا جائے کہ خرچ کرنے کے بعد آدمی پچھتائے اور نہ ہی خرچ کرنے میں کنجوسی سے کام لیا جائے بلکہ اس میں اعتدال ہونا چاہئے۔

2 ...... اللہ تعالیٰ کی نازل کردہ کتابوں پر ایمان لانے اور قرآن مجید سے پہلی کتابوں کے احکام پر عمل کرنے کی تفصیل تفسیر صراط الجنان، ج1، ص68 پر ملاحظہ فرمائیں۔

اَمۡ لَمۡ تُنۡذِرۡهُمۡ لَا يُؤۡمِنُوۡنَ ۞ خَتَمَ اللّٰهُ عَلٰی

اَمۡ	لَمۡ تُنۡذِرۡهُمۡ	لَا يُؤۡمِنُوۡنَ ۞	خَتَمَ	اللّٰهُ	عَلٰی
یا	نہ ڈرائیں انہیں	وہ ایمان نہیں لائیں گے	مہر لگادی	اللہ (نے)	پر

یا نہ ڈرائیں، یہ ایمان نہیں لائیں گے ۞ اللہ نے

قُلُوۡبِهِمۡ وَعَلٰی سَمۡعِهِمۡ ؕ وَعَلٰۤی اَبۡصَارِهِمۡ غِشَاوَةٌ ۫

قُلُوۡبِهِمۡ	وَ	عَلٰی	سَمۡعِهِمۡ	وَ	عَلٰۤی	اَبۡصَارِهِمۡ	غِشَاوَةٌ (1)
ان کے دلوں	اور	پر	ان کے کانوں	اور	پر	ان کی آنکھوں	پردہ (ہے)

ان کے دلوں پر اور ان کے کانوں پر مہر لگادی ہے اور ان کی آنکھوں پر پردہ پڑا ہوا ہے

وَّلَهُمۡ عَذَابٌ عَظِيۡمٌ ۞ ع وَمِنَ النَّاسِ مَنۡ يَّقُوۡلُ

وَّ	لَهُمۡ	عَذَابٌ	عَظِيۡمٌ ۞	وَ	مِنَ	النَّاسِ	مَنۡ	يَّقُوۡلُ
اور	ان کے لئے (ہے)	عذاب	بہت بڑا	اور	سے	لوگوں	جو	کہتے ہیں

اور ان کے لئے بہت بڑا عذاب ہے ۞ اور کچھ لوگ کہتے ہیں کہ

اٰمَنَّا بِاللّٰهِ وَبِالۡيَوۡمِ الۡاٰخِرِ وَمَا هُمۡ بِمُؤۡمِنِيۡنَ ۞

اٰمَنَّا	بِاللّٰهِ	وَ	بِالۡيَوۡمِ	الۡاٰخِرِ	وَ	مَا	هُمۡ	بِمُؤۡمِنِيۡنَ ۞
ہم ایمان لے آئے	اللہ پر	اور	دن پر	آخرت	اور	نہیں	وہ	ایمان والے

ہم اللہ پر اور آخرت کے دن پر ایمان لے آئے ہیں حالانکہ وہ ایمان والے نہیں ہیں ۞

يُخٰدِعُوۡنَ اللّٰهَ وَالَّذِيۡنَ اٰمَنُوۡا ۚ وَمَا يَخۡدَعُوۡنَ

يُخٰدِعُوۡنَ (2)	اللّٰهَ	وَ	الَّذِيۡنَ	اٰمَنُوۡا	وَ	مَا يَخۡدَعُوۡنَ
وہ فریب دینا چاہتے ہیں	اللہ (کو)	اور	ان کو جو	ایمان لائے	اور	فریب نہیں دیتے

یہ لوگ اللہ کو اور ایمان والوں کو فریب دینا چاہتے ہیں حالانکہ یہ

عنوان: ایمان لانے میں منافقوں کا حال اور ان کا انجام

1 ...... کافروں کے دلوں اور کانوں پر مہر لگنا اور آنکھوں پر پردہ پڑ جانا ان کے کفر و عناد، سرکشی، اور انبیاء کرام عَلَیْہِمُ السَّلَام کی عداوت کے انجام کے طور پر تھا ورنہ ان پر ہدایت کی راہیں شروع سے بند نہ تھیں۔

2 ...... اللہ تعالیٰ اس سے پاک ہے کہ کوئی اسے دھوکا دے سکے، یہاں اللہ تعالیٰ کو فریب دینے سے مراد اس کے حبیب صَلَّی اللّٰہُ عَلَیْہِ وَسَلَّم کو دھوکا دینے کی کوشش کرنا ہے۔

اِلَّاۤ اَنۡفُسَهُمۡ وَمَا يَشۡعُرُوۡنَ ؕ﴿۹﴾ فِىۡ قُلُوۡبِهِمۡ مَّرَضٌ ۙ

اِلَّاۤ	اَنۡفُسَهُمۡ	وَ	مَا يَشۡعُرُوۡنَ ﴿۹﴾	فِىۡ قُلُوۡبِهِمۡ	مَّرَضٌ (1)
مگر	اپنی جانوں (کو)	اور	وہ شعور نہیں رکھتے	ان کے دلوں میں	بیماری (ہے)

صرف اپنے آپ کو فریب دے رہے ہیں اور انہیں شعور نہیں ○ ان کے دلوں میں بیماری ہے

فَزَادَهُمُ اللّٰهُ مَرَضًا ۚ وَلَهُمۡ عَذَابٌ اَلِيۡمٌ ۙ

فَزَادَهُمُ	اللّٰهُ	مَرَضًا	وَ	لَهُمۡ	عَذَابٌ	اَلِيۡمٌ
تو بڑھادی ان کی	اللہ (نے)	بیماری	اور	ان کے لئے (ہے)	عذاب	دردناک

تو اللہ نے ان کی بیماری میں اور اضافہ کردیا اور ان کے لئے ان کے جھوٹ بولنے کی

بِمَا كَانُوۡا يَكۡذِبُوۡنَ ﴿۱۰﴾ وَاِذَا قِيۡلَ لَهُمۡ لَا تُفۡسِدُوۡا

بِمَا	كَانُوۡا يَكۡذِبُوۡنَ ﴿۱۰﴾	وَ	اِذَا	قِيۡلَ	لَهُمۡ	لَا تُفۡسِدُوۡا
(اس) وجہ سے جو	وہ جھوٹ بولتے تھے	اور	جب	کہا جائے	ان سے	تم فساد نہ کرو

وجہ سے دردناک عذاب ہے ○ اور جب ان سے کہا جائے کہ زمین میں

فِى الۡاَرۡضِ ۙ قَالُوۡۤا اِنَّمَا نَحۡنُ مُصۡلِحُوۡنَ ﴿۱۱﴾ اَلَاۤ

فِى الۡاَرۡضِ	قَالُوۡۤا	اِنَّمَا	نَحۡنُ	مُصۡلِحُوۡنَ ﴿۱۱﴾	اَلَاۤ
زمین میں	وہ کہتے ہیں	صرف	ہم (تو)	اصلاح کرنے والے (ہیں)	سن لو

فساد نہ کرو تو کہتے ہیں ہم تو صرف اصلاح کرنے والے ہیں ○ سن لو:

اِنَّهُمۡ هُمُ الۡمُفۡسِدُوۡنَ وَلٰـكِنۡ لَّا يَشۡعُرُوۡنَ ﴿۱۲﴾ وَاِذَا

اِنَّهُمۡ	هُمُ	الۡمُفۡسِدُوۡنَ (2)	وَ	لٰـكِنۡ	لَّا يَشۡعُرُوۡنَ ﴿۱۲﴾	وَ	اِذَا
بیشک وہ	وہ	فساد کرنے والے	اور	لیکن	وہ شعور نہیں رکھتے	اور (حالانکہ)	جب

بیشک یہی لوگ فساد پھیلانے والے ہیں مگر انہیں (اس کا) شعور نہیں ○ اور جب

عنوان: منافقوں کا اصلاح کے نام پر فساد — صحابہ پر اعتراض اور اس کا جواب

(1)...... یہاں قلبی مرض سے مراد منافقوں کی منافقت اور حضور پرنور صَلَّی اللّٰہُ عَلَیْہِ وَسَلَّم سے بغض کی بیماری ہے۔ معلوم ہوا کہ بدعقیدگی روحانی زندگی کے لیے تباہ کن ہے نیز حضور اقدس صَلَّی اللّٰہُ عَلَیْہِ وَسَلَّم کی عظمت وشان سے جلنے والا دل کا بیمار ہے۔

(2)...... منافقوں کے طرزِ عمل سے واضح ہوا کہ عام فسادیوں سے بڑے فسادی وہ ہیں جو فساد پھیلائیں اور اسے اصلاح کا نام دیں۔ ہمارے معاشرے میں ایسے لوگوں کی کمی نہیں جو اصلاح کے نام پر فساد پھیلاتے اور بدترین کاموں کو اچھے ناموں سے تعبیر کرتے ہیں۔

قِيْلَ لَهُمْ اٰمِنُوْا كَمَآ اٰمَنَ النَّاسُ قَالُوْٓا اَنُؤْمِنُ

قِيْلَ	لَهُمْ	اٰمِنُوْا	كَمَآ	اٰمَنَ	النَّاسُ (1)	قَالُوْٓا	اَنُؤْمِنُ
کہا جائے	ان سے	ایمان لاؤ	جیسے	ایمان لائے	لوگ	کہتے ہیں	کیا ہم ایمان لائیں

ان سے کہا جائے کہ تم اسی طرح ایمان لاؤ جیسے اور لوگ ایمان لائے تو کہتے ہیں: کیا ہم

كَمَآ اٰمَنَ السُّفَهَآءُ ؕ اَلَآ اِنَّهُمْ هُمُ السُّفَهَآءُ وَلٰكِنْ

كَمَآ	اٰمَنَ	السُّفَهَآءُ	اَلَآ	اِنَّهُمْ	هُمُ	السُّفَهَآءُ (2)	وَ	لٰكِنْ
جیسے	ایمان لائے	بیوقوف	سن لو	بیشک وہ	وہ	بیوقوف	اور	لیکن

بیوقوفوں کی طرح ایمان لائیں؟ سن لو: بیشک یہی لوگ بیوقوف ہیں مگر یہ

لَّا يَعْلَمُوْنَ ﴿۱۳﴾ وَاِذَا لَقُوا الَّذِيْنَ اٰمَنُوْا قَالُوْٓا اٰمَنَّا ۚۖ

لَا يَعْلَمُوْنَ ﴿۱۳﴾	وَ	اِذَا	لَقُوا	الَّذِيْنَ	اٰمَنُوْا	قَالُوْٓا	اٰمَنَّا
وہ نہیں جانتے	اور	جب	وہ ملتے ہیں	ان سے جو	ایمان لائے	(تو) کہتے ہیں	ہم ایمان لے آئے

جانتے نہیں ○ اور جب یہ ایمان والوں سے ملتے ہیں تو کہتے ہیں: ہم ایمان لاچکے ہیں

وَاِذَا خَلَوْا اِلٰى شَيٰطِيْنِهِمْ ۙ قَالُوْٓا

وَ	اِذَا	خَلَوْا	اِلٰى	شَيٰطِيْنِهِمْ	قَالُوْٓا
اور	جب	وہ تنہا ہوتے ہیں، خلوت میں ہوتے ہیں	کی طرف	اپنے شیطانوں	(تو) کہتے ہیں

اور جب اپنے شیطانوں کے پاس تنہائی میں جاتے ہیں تو کہتے ہیں

اِنَّا مَعَكُمْ ۙ اِنَّمَا نَحْنُ مُسْتَهْزِءُوْنَ ﴿۱۴﴾ اَللّٰهُ

اِنَّا	مَعَكُمْ	اِنَّمَا	نَحْنُ	مُسْتَهْزِءُوْنَ ﴿۱۴﴾	اَللّٰهُ
بیشک ہم	تمہارے ساتھ (ہیں)	صرف	ہم	مذاق کرنے والے (ہیں)	اللہ

کہ ہم تمہارے ساتھ ہیں، ہم تو صرف ہنسی مذاق کرتے ہیں ○ اللہ

عنوان: منافقوں کا دوغلا پن اور مسلمانوں کا مذاق اڑانا | منافقوں کی سزا

(1)...... اس آیت میں بزرگانِ دین کی طرح ایمان لانے کے حکم سے معلوم ہوا کہ ان کی پیروی کرنے والے نجات والے جبکہ ان کے راستے سے ہٹنے والے منافقین کے راستے پر ہیں اور یہ بھی معلوم ہوا کہ ان بزرگوں پر طعن و تشنیع کرنے والے بہت پہلے سے چلتے آرہے ہیں۔

(2)...... معلوم ہوا کہ تاجدار رسالت صَلَّى اللّٰهُ عَلَيْهِ وَسَلَّم کے صحابۂ کرام عَلَيْهِمُ الرِّضْوَان اللہ تعالیٰ کی بارگاہ کے ایسے مقبول بندے ہیں کہ ان کی گستاخی کرنے والوں کو اللہ تعالیٰ نے خود جواب دیا ہے۔

يَسْتَهْزِئُ بِهِمْ وَيَمُدُّهُمْ فِيْ طُغْيَانِهِمْ يَعْمَهُوْنَ ﴿۱۵﴾

يَسْتَهْزِئُ (1)	بِهِمْ	وَ	يَمُدُّهُمْ	فِيْ طُغْيَانِهِمْ	يَعْمَهُوْنَ ﴿۱۵﴾
مذاق کی سزا دے گا	ان کو	اور	مہلت دے رہا ہے، انہیں (کہ)	اپنی سرکشی میں	بھٹکتے رہیں

ان کی ہنسی مذاق کا انہیں بدلہ دے گا اور (ابھی) وہ انہیں مہلت دے رہا ہے کہ یہ اپنی سرکشی میں بھٹکتے رہیں ۝

اُولٰٓئِكَ الَّذِيْنَ اشْتَرَوُا الضَّلٰلَةَ بِالْهُدٰى ۪ فَمَا رَبِحَتْ

اُولٰٓئِكَ	الَّذِيْنَ	اشْتَرَوُا	الضَّلٰلَةَ	بِالْهُدٰى	فَمَا رَبِحَتْ
یہ لوگ (وہ ہیں)	جنہوں نے	خرید لی	گمراہی	ہدایت کے بدلے	تو نفع نہ دیا

یہی وہ لوگ ہیں جنہوں نے ہدایت کے بدلے گمراہی خرید لی تو ان کی تجارت نے کوئی نفع نہ دیا

تِّجَارَتُهُمْ وَمَا كَانُوْا مُهْتَدِيْنَ ﴿۱۶﴾ مَثَلُهُمْ كَمَثَلِ

تِّجَارَتُهُمْ	وَ	مَا كَانُوْا	مُهْتَدِيْنَ ﴿۱۶﴾	مَثَلُهُمْ	كَمَثَلِ
ان کی تجارت (نے)	اور	وہ نہیں تھے	ہدایت والے	ان کی مثال (ایسی)	جیسے مثال

اور یہ لوگ راہ جانتے ہی نہیں تھے ۝ ان کی مثال اس شخص کی طرح ہے

الَّذِى اسْتَوْقَدَ نَارًا ۚ فَلَمَّآ اَضَآءَتْ مَا حَوْلَهٗ

الَّذِى	اسْتَوْقَدَ	نَارًا	فَلَمَّآ	اَضَآءَتْ	مَا	حَوْلَهٗ
(اس کی) جس نے	جلائی	آگ	تو جب	اس نے روشن کر دیا	جو	اس کے ارد گرد (تھا)

جس نے آگ روشن کی پھر جب اس آگ نے اس کے آس پاس کو روشن کر دیا

ذَهَبَ اللّٰهُ بِنُوْرِهِمْ وَتَرَكَهُمْ فِيْ ظُلُمٰتٍ لَّا يُبْصِرُوْنَ ﴿۱۷﴾

ذَهَبَ	اللّٰهُ	بِنُوْرِهِمْ	وَ	تَرَكَهُمْ	فِيْ	ظُلُمٰتٍ	لَّا يُبْصِرُوْنَ ﴿۱۷﴾
لے گیا	اللہ	ان کے نور کو	اور	چھوڑ دیا انہیں	میں	تاریکیوں	وہ نہیں دیکھتے

تو اللہ ان کا نور لے گیا اور انہیں تاریکیوں میں چھوڑ دیا، انہیں کچھ دکھائی نہیں دے رہا ۝

عنوان منافقوں کی حالت کا دو مثالوں کے ذریعے بیان، پہلی مثال

(1)...... اللہ تعالیٰ استہزاء یعنی ہنسی مذاق سے پاک ہے، عربی زبان میں بعض اوقات کسی عمل کا بدلہ دینے کو اسی لفظ سے تعبیر کر دیا جاتا ہے اور یہاں یہی مراد ہے کہ اللہ تعالیٰ منافقوں کو ان کے استہزاء کا بدلہ دے گا۔

صُمٌّۢ بُكۡمٌ عُمۡیٌ فَهُمۡ لَا یَرۡجِعُوۡنَ ۙ﴿۱۸﴾ اَوۡ كَصَیِّبٍ مِّنَ

صُمٌّۢ	بُكۡمٌ	عُمۡیٌ (1)	فَهُمۡ	لَا یَرۡجِعُوۡنَ ﴿۱۸﴾	اَوۡ	كَصَیِّبٍ	مِّنَ
بہرے	گونگے	اندھے	پس وہ	نہیں لوٹیں گے	یا	جیسے تیز بارش (ہو)	سے

بہرے، گونگے، اندھے ہیں پس یہ لوٹ کر نہیں آئیں گے ○ یا (ان کی مثال) آسمان سے اترنے والی بارش کی طرح ہے

السَّمَآءِ فِیۡهِ ظُلُمٰتٌ وَّ رَعۡدٌ وَّ بَرۡقٌ ۚ یَجۡعَلُوۡنَ اَصَابِعَهُمۡ

السَّمَآءِ	فِیۡهِ	ظُلُمٰتٌ	وَّ	رَعۡدٌ	وَّ	بَرۡقٌ	یَجۡعَلُوۡنَ	اَصَابِعَهُمۡ
آسمان	اس میں	تاریکیاں	اور	گرج	اور	چمک (ہے)	ڈال رہے ہیں	اپنی انگلیاں

جس میں تاریکیاں اور گرج اور چمک ہے۔ یہ زور دار کڑک کی وجہ سے

فِیۡۤ اٰذَانِهِمۡ مِّنَ الصَّوَاعِقِ حَذَرَ الۡمَوۡتِ ؕ وَاللّٰهُ

فِیۡۤ	اٰذَانِهِمۡ	مِّنَ	الصَّوَاعِقِ	حَذَرَ الۡمَوۡتِ	وَ	اللّٰهُ
میں	اپنے کانوں	سے	زور دار کڑک	موت کے ڈر (سے)	اور	اللہ

موت کے ڈر سے اپنے کانوں میں انگلیاں ٹھونس رہے ہیں حالانکہ اللہ

مُحِیۡطٌۢ بِالۡكٰفِرِیۡنَ ﴿۱۹﴾ یَكَادُ الۡبَرۡقُ یَخۡطَفُ اَبۡصَارَهُمۡ ؕ

مُحِیۡطٌۢ	بِالۡكٰفِرِیۡنَ ﴿۱۹﴾	یَكَادُ	الۡبَرۡقُ	یَخۡطَفُ	اَبۡصَارَهُمۡ
گھیرے ہوئے (ہے)	کافروں کو	قریب ہے	بجلی	اچک کرلے جائے	ان کی نگاہیں

کافروں کو گھیرے ہوئے ہے ○ بجلی یوں معلوم ہوتی ہے کہ ان کی نگاہیں اچک کرلے جائے گی۔

كُلَّمَاۤ اَضَآءَ لَهُمۡ مَّشَوۡا فِیۡهِ ۙۗ وَ اِذَاۤ اَظۡلَمَ عَلَیۡهِمۡ

كُلَّمَاۤ	اَضَآءَ	لَهُمۡ	مَّشَوۡا	فِیۡهِ	وَ	اِذَاۤ	اَظۡلَمَ	عَلَیۡهِمۡ
جب کبھی	روشنی ہوئی	ان کے لئے	چلنے لگے	اس میں	اور	جب	اندھیرا ہوا	ان پر

(حالت یہ کہ) جب کچھ روشنی ہوئی تو اس میں چلنے لگے اور جب ان پر اندھیرا چھا گیا

عنوان منافقوں کی حالت کی دوسری مثال

(1) ...... منافقوں کو اللہ تعالیٰ نے ہدایت پر قدرت بخشی لیکن انہوں نے اس سے فائدہ نہ اٹھایا اور جب وہ حق کو سننے، ماننے، کہنے اور دیکھنے سے محروم ہوگئے تو کان، زبان، آنکھ سب بے کار ہیں۔

قَامُوْاؕ وَ لَوْ شَآءَ اللّٰهُ لَذَهَبَ بِسَمْعِهِمْ وَ

قَامُوْا	وَ	لَوْ	شَآءَ	اللّٰهُ	لَذَهَبَ	بِسَمْعِهِمْ	وَ
کھڑے ہو گئے	اور	اگر	چاہتا	اللہ	ضرور لے جاتا، سلب کرلیتا	ان کے کان	اور

تو کھڑے رہ گئے اور اگر اللہ چاہتا تو ان کے کان اور

اَبْصَارِهِمْؕ اِنَّ اللّٰهَ عَلٰى كُلِّ شَیْءٍ قَدِیْرٌ ﴿۲۰﴾ؑ یٰۤاَیُّهَا النَّاسُ اعْبُدُوْا

اَبْصَارِهِمْ	اِنَّ	اللّٰهَ	عَلٰى كُلِّ شَیْءٍ	قَدِیْرٌ ﴿۲۰﴾ (1)	یٰۤاَیُّهَا	النَّاسُ	اعْبُدُوْا (2)
ان کی آنکھیں	بیشک	اللہ	ہر چیز پر	قادر (ہے)	اے	لوگو	عبادت کرو

آنکھیں سلب کرلیتا۔ بیشک اللہ ہر شے پر قادر ہے ○ اے لوگو! اپنے رب کی عبادت کرو

رَبَّكُمُ الَّذِیْ خَلَقَكُمْ وَ الَّذِیْنَ مِنْ قَبْلِكُمْ لَعَلَّكُمْ

رَبَّكُمُ	الَّذِیْ	خَلَقَكُمْ	وَ	الَّذِیْنَ	مِنْ	قَبْلِكُمْ	لَعَلَّكُمْ
اپنے رب (کی)	جس نے	تمہیں پیدا کیا	اور	ان لوگوں کو جو	سے	تم سے پہلے (تھے)	تاکہ تم

جس نے تمہیں اور تم سے پہلے لوگوں کو پیدا کیا۔ یہ امید کرتے ہوئے (عبادت کرو) کہ

تَتَّقُوْنَ ﴿۲۱﴾ۙ الَّذِیْ جَعَلَ لَكُمُ الْاَرْضَ فِرَاشًا وَّ السَّمَآءَ

تَتَّقُوْنَ ﴿۲۱﴾	الَّذِیْ	جَعَلَ	لَكُمُ	الْاَرْضَ	فِرَاشًا	وَّ	السَّمَآءَ
پرہیز گار بن جاؤ	جس نے	بنائی	تمہارے لئے	زمین	بچھونا	اور	آسمان

تمہیں پرہیز گاری مل جائے ○ جس نے تمہارے لئے زمین کو بچھونا اور آسمان کو

بِنَآءًص وَّ اَنْزَلَ مِنَ السَّمَآءِ مَآءً فَاَخْرَجَ بِهٖ مِنَ

بِنَآءً	وَّ	اَنْزَلَ	مِنَ	السَّمَآءِ	مَآءً	فَاَخْرَجَ	بِهٖ	مِنَ
چھت	اور	نازل کیا	سے	آسمان	پانی	پھر اس نے نکالا	اس کے ذریعے	سے

چھت بنایا اور اس نے آسمان سے پانی اتارا پھر اس پانی کے ذریعے

عنوان: عبادتِ الٰہی کا حکم اور اس کے مستحق عبادت ہونے کے اسباب

1. ہر ممکن چیز شے میں داخل ہے اور ہر شے اللہ تعالیٰ کی قدرت میں ہے اور جو چیز محال ہے اس میں یہ صلاحیت نہیں اللہ تعالیٰ کی قدرت کے تحت آسکے۔
2. عبادت اُس انتہائی تعظیم کا نام ہے جو بندہ اپنی عبدیت یعنی بندہ ہونے اور معبود کی اُلوہیت یعنی معبود ہونے کے اعتقاد اور اعتراف کے ساتھ بجالائے۔ یہاں عبادت توحید اور اس کے علاوہ اپنی تمام قسموں کو شامل ہے۔

الثَّمَرٰتِ رِزْقًا لَّكُمْ ۚ فَلَا تَجْعَلُوْا لِلّٰهِ اَنْدَادًا وَّ اَنْتُمْ

الثَّمَرٰتِ	رِزْقًا	لَّكُمْ	فَلَا تَجْعَلُوْا	لِلّٰهِ	اَنْدَادًا	وَّ	اَنْتُمْ
پھلوں	رزق	تمہارے لئے	تو نہ بناؤ	اللہ کے لئے	شریک	اور	تم

تمہارے کھانے کے لئے کئی پھل پیدا کئے تو تم جان بوجھ کر اللہ کے شریک

تَعْلَمُوْنَ ﴿٢٢﴾ وَ اِنْ كُنْتُمْ فِيْ رَيْبٍ مِّمَّا نَزَّلْنَا عَلٰى

تَعْلَمُوْنَ ﴿٢٢﴾	وَ	اِنْ	كُنْتُمْ	فِيْ رَيْبٍ	مِّمَّا	نَزَّلْنَا	عَلٰى
جانتے ہو	اور	اگر	تم ہو	شک میں	(اس) سے جو	ہم نے نازل کیا، اتارا	پر

نہ بناؤ ○ اور اگر تمہیں اس کتاب کے بارے میں کوئی شک ہو جو ہم نے اپنے خاص بندے پر

عَبْدِنَا فَاْتُوْا بِسُوْرَةٍ مِّنْ مِّثْلِهٖ ۪ وَادْعُوْا

عَبْدِنَا	فَاْتُوْا	بِسُوْرَةٍ	مِّنْ	مِّثْلِهٖ	وَ	ادْعُوْا
اپنے بندے	تو لے آؤ	ایک سورت	سے	اس کی مثل، اس جیسی	اور	بلالو

نازل کی ہے تو تم اس جیسی ایک سورت بنالاؤ اور

شُهَدَآءَكُمْ مِّنْ دُوْنِ اللّٰهِ اِنْ كُنْتُمْ صٰدِقِيْنَ ﴿٢٣﴾ فَاِنْ

شُهَدَآءَكُمْ	مِّنْ	دُوْنِ اللّٰهِ	اِنْ	كُنْتُمْ	صٰدِقِيْنَ ﴿٢٣﴾ (1)	فَاِنْ
اپنے مددگاروں (کو)	سے	اللہ کے علاوہ	اگر	تم ہو	سچے	پھر اگر

اللہ کے علاوہ اپنے سب مددگاروں کو بلالو اگر تم سچے ہو ○ پھر اگر

لَّمْ تَفْعَلُوْا وَ لَنْ تَفْعَلُوْا فَاتَّقُوا النَّارَ الَّتِيْ وَقُوْدُهَا النَّاسُ

لَّمْ تَفْعَلُوْا	وَ	لَنْ تَفْعَلُوْا	فَاتَّقُوا	النَّارَ	الَّتِيْ	وَقُوْدُهَا	النَّاسُ
تم نے نہ کیا	اور	ہرگز نہ کر سکو گے	تو ڈرو	آگ (سے)	جو	اس کا ایندھن	آدمی

تم یہ نہ کر سکو اور تم ہرگز نہ کر سکو گے تو اس آگ سے ڈرو جس کا ایندھن آدمی

عنوان: حقانیت قرآن پر منکروں کو چیلنج اور غیب کی خبر کہ کفار اس چیلنج کو پورا نہیں کر پائیں گے

(1)...... یہ چیلنج قیامت تک تمام انسانوں کے لئے ہے، آج بھی قرآن کو محمد مصطفیٰ صَلَّی اللہُ عَلَیْہِ وَسَلَّم کی تصنیف کہنے والے کفار تو بہت ہیں مگر قرآن کی مثل ایک آیت بنانے والا آج تک کوئی سامنے نہیں آیا اور جس نے اس کا دعویٰ کیا اس کا پول خود ہی چند دنوں میں کھل گیا۔

وَالْحِجَارَةُ ۖۚ اُعِدَّتْ لِلْكٰفِرِيْنَ ﴿۲۴﴾ وَبَشِّرِ الَّذِيْنَ اٰمَنُوْا

وَ	الْحِجَارَةُ	اُعِدَّتْ (1)	لِلْكٰفِرِيْنَ ﴿۲۴﴾ (2)	وَ	بَشِّرِ	الَّذِيْنَ	اٰمَنُوْا
اور	پتھر (ہیں)	تیار کی گئی (ہے)	کافروں کے لئے	اور	خوشخبری دو	ان کو جو	ایمان لائے

اور پتھر ہیں۔ وہ کافروں کے لئے تیار کی گئی ہے ۝ اور ان لوگوں کو خوشخبری دو جو ایمان لائے

وَعَمِلُوا الصّٰلِحٰتِ اَنَّ لَهُمْ جَنّٰتٍ تَجْرِيْ مِنْ تَحْتِهَا

وَ	عَمِلُوْا	الصّٰلِحٰتِ	اَنَّ	لَهُمْ	جَنّٰتٍ	تَجْرِيْ	مِنْ	تَحْتِهَا
اور	عمل کئے	نیک، اچھے	کہ	ان کے لئے	جنتیں، باغات	بہتی ہیں	سے	ان کے نیچے

اور انہوں نے اچھے عمل کئے کہ ان کے لئے ایسے باغات ہیں جن کے نیچے

الْاَنْهٰرُ ؕ كُلَّمَا رُزِقُوْا مِنْهَا مِنْ ثَمَرَةٍ رِّزْقًا ۙ قَالُوْا

الْاَنْهٰرُ	كُلَّمَا	رُزِقُوْا	مِنْهَا	مِنْ	ثَمَرَةٍ	رِّزْقًا	قَالُوْا
نہریں	جب کبھی	انہیں دیا جائے گا	ان (باغوں) سے	سے (کوئی)	پھل	کھانے کو	کہیں گے

نہریں بہہ رہی ہیں۔ جب انہیں ان باغوں سے کوئی پھل کھانے کو دیا جائے گا تو کہیں گے،

هٰذَا الَّذِيْ رُزِقْنَا مِنْ قَبْلُ ۙ وَاُتُوْا بِهٖ

هٰذَا	الَّذِيْ	رُزِقْنَا	مِنْ	قَبْلُ	وَ	اُتُوْا	بِهٖ
یہ	(وہی ہے) جو	ہمیں دیا گیا	سے	پہلے	اور (حالانکہ)	انہیں دیا گیا	اس کے ساتھ

یہ تو وہی رزق ہے جو ہمیں پہلے دیا گیا تھا حالانکہ انہیں

مُتَشَابِهًا ؕ وَلَهُمْ فِيْهَآ اَزْوَاجٌ مُّطَهَّرَةٌ ۙۗ وَّهُمْ فِيْهَا

مُتَشَابِهًا	وَ	لَهُمْ	فِيْهَآ	اَزْوَاجٌ	مُّطَهَّرَةٌ	وَّ	هُمْ	فِيْهَا
ملتا جلتا	اور	ان کے لئے	ان (باغوں) میں	بیویاں	پاکیزہ	اور	وہ	ان (باغوں) میں

ملتا جلتا پھل (پہلے) دیا گیا تھا اور ان (جنتیوں) کے لئے ان باغوں میں پاکیزہ بیویاں ہوں گی اور وہ ان باغوں میں

عنوان: باعمل مسلمانوں کو جنت کی بشارت اور جنتی نعمتوں کا بیان

1 ...... اس سے معلوم ہوا کہ دوزخ پیدا ہو چکی ہے کیونکہ یہاں ماضی کے الفاظ ہیں۔

2 ...... ”کافروں کے لئے“ فرمانے میں یہ بھی اشارہ ہے کہ مومنین اللہ تعالیٰ کے فضل و کرم سے جہنم میں ہمیشہ کے داخلے سے محفوظ رہیں گے کیونکہ جہنم بطورِ خاص کافروں کے لئے پیدا کی گئی ہے۔

خٰلِدُوْنَ ﴿۲۵﴾ اِنَّ اللّٰهَ لَا يَسْتَحْيٖۤ اَنْ يَّضْرِبَ مَثَلًا

خٰلِدُوْنَ ﴿۲۵﴾	اِنَّ	اللّٰهَ	لَا يَسْتَحْيٖۤ (1)	اَنْ	يَّضْرِبَ	مَثَلًا
ہمیشہ رہنے والے	بیشک	اللہ	حیا نہیں فرماتا	کہ	ذکر فرمائے، بیان کرے	مثال

ہمیشہ رہیں گے ○ بیشک اللہ اس سے حیا نہیں فرماتا کہ مثال سمجھانے کے لئے کیسی ہی چیز کا ذکر فرمائے

مَّا بَعُوْضَةً فَمَا فَوْقَهَا ؕ فَاَمَّا الَّذِيْنَ اٰمَنُوْا

مَّا	بَعُوْضَةً	فَمَا	فَوْقَهَا	فَاَمَّا	الَّذِيْنَ	اٰمَنُوْا
کوئی سی	مچھر (کی)	یا جو	اس سے اوپر	پس بہر حال	وہ لوگ جو	ایمان لائے

مچھر ہو یا اس سے بڑھ کر۔ بہر حال ایمان والے

فَيَعْلَمُوْنَ اَنَّهُ الْحَقُّ مِنْ رَّبِّهِمْ ۚ وَاَمَّا الَّذِيْنَ

فَيَعْلَمُوْنَ	اَنَّهُ	الْحَقُّ	مِنْ	رَّبِّهِمْ	وَ	اَمَّا	الَّذِيْنَ
تو وہ جانتے ہیں	کہ وہ	حق (ہے)	کی طرف سے	ان کے رب	اور	بہر حال	وہ لوگ جو

تو جانتے ہیں کہ یہ ان کے رب کی طرف سے حق ہے اور رہے

كَفَرُوْا فَيَقُوْلُوْنَ مَاذَآ اَرَادَ اللّٰهُ بِهٰذَا مَثَلًا ۘ يُضِلُّ

كَفَرُوْا	فَيَقُوْلُوْنَ	مَاذَآ	اَرَادَ	اللّٰهُ	بِهٰذَا مَثَلًا	يُضِلُّ
کافر ہوئے	تو وہ کہتے ہیں	کیا	ارادہ کیا	اللہ (نے)	اس مثال کے ساتھ	وہ گمراہ کرتا ہے

کافر تو وہ کہتے ہیں، اس مثال سے اللہ کی مراد کیا ہے؟ اللہ بہت سے

بِهٖ كَثِيْرًا ۙ وَّيَهْدِيْ بِهٖ كَثِيْرًا ؕ

بِهٖ	كَثِيْرًا (2)	وَّ	يَهْدِيْ	بِهٖ	كَثِيْرًا
اس کے ذریعے	بہت سے (لوگوں کو)	اور	ہدایت دیتا ہے	اس کے ذریعے	بہت سے (لوگوں کو)

لوگوں کو اس کے ذریعے گمراہ کرتا ہے اور بہت سے لوگوں کو ہدایت عطا فرماتا ہے

عنوان قرآن مجید میں بیان کی گئی مثالوں کا مقصد اور انہیں سن کر مسلمانوں اور کافروں کے طرزِ عمل میں فرق

1 ...... حیاء کا معنی ہے "بدنامی اور برائی کے خوف سے دل میں کسی کام سے رکاوٹ پیدا ہونا" اللہ تعالیٰ اس سے پاک ہے اور یہاں اس سے مراد "مثالیں بیان کرنے کو نہ چھوڑنا" ہے۔

2 ...... نزولِ قرآن کا اصل مقصد ہدایت دینا ہے لیکن بہت سے لوگ اس کا انکار کر کے، یا مذاق اڑا کر، یا غلط معنی مراد لے کر گمراہ ہو جاتے ہیں، اس اعتبار سے یہاں قرآن کے ذریعے گمراہ کرنے کا فرمایا گیا ہے۔

وَمَا يُضِلُّ بِهٖٓ اِلَّا الْفٰسِقِيْنَ ﴿٢٦﴾ۙ الَّذِيْنَ يَنْقُضُوْنَ

وَ	مَا يُضِلُّ	بِهٖٓ	اِلَّا	الْفٰسِقِيْنَ ﴿٢٦﴾	الَّذِيْنَ	يَنْقُضُوْنَ
اور	وہ نہیں گمراہ کرتا	اس کے ذریعے	مگر	فاسقوں، نافرمانوں (کو)	وہ لوگ جو	توڑ دیتے ہیں

اور وہ اس کے ذریعے صرف نافرمانوں ہی کو گمراہ کرتا ہے ○ وہ لوگ جو

عَهْدَ اللّٰهِ مِنْۢ بَعْدِ مِيْثَاقِهٖ ۪ وَيَقْطَعُوْنَ

عَهْدَ	اللّٰهِ	مِنْۢ	بَعْدِ	مِيْثَاقِهٖ	وَ	يَقْطَعُوْنَ
عہد، وعدہ	اللہ (کا)	سے	بعد	اس کے مضبوط ہونے، پختہ ہونے (کے)	اور	کاٹتے ہیں

اللہ کے وعدے کو پختہ ہونے کے بعد توڑ ڈالتے ہیں اور اس چیز کو کاٹتے ہیں

مَآ اَمَرَ اللّٰهُ بِهٖٓ اَنْ يُّوْصَلَ وَيُفْسِدُوْنَ فِي الْاَرْضِ ؕ

مَآ	اَمَرَ	اللّٰهُ	بِهٖٓ	اَنْ يُّوْصَلَ	وَ	يُفْسِدُوْنَ	فِي الْاَرْضِ
جسے	حکم دیا	اللہ (نے)	اس کا	کہ اسے جوڑا جائے	اور	فساد کرتے ہیں	زمین میں

جس کے جوڑنے کا اللہ نے حکم دیا ہے اور زمین میں فساد پھیلاتے ہیں

اُولٰٓئِكَ هُمُ الْخٰسِرُوْنَ ﴿٢٧﴾ كَيْفَ تَكْفُرُوْنَ بِاللّٰهِ وَ

اُولٰٓئِكَ	هُمُ	الْخٰسِرُوْنَ ﴿٢٧﴾	كَيْفَ	تَكْفُرُوْنَ	بِاللّٰهِ	وَ
یہ لوگ	وہ	خسارہ، نقصان اٹھانے والے	کیسے	تم کفر کرتے ہو	اللہ کے ساتھ	اور (حالانکہ)

تو یہی لوگ نقصان اٹھانے والے ہیں ○ تم کیسے اللہ کے منکر ہوسکتے ہو حالانکہ

كُنْتُمْ اَمْوَاتًا فَاَحْيَاكُمْ ۚ ثُمَّ يُمِيْتُكُمْ ثُمَّ

كُنْتُمْ	اَمْوَاتًا	فَاَحْيَاكُمْ (1)	ثُمَّ	يُمِيْتُكُمْ	ثُمَّ
تم تھے	مردہ	تو اس نے زندہ کیا تمہیں	پھر	موت دے گا تمہیں	پھر

تم مردہ تھے تو اس نے تمہیں پیدا کیا پھر وہ تمہیں موت دے گا پھر

عنوان: فاسقوں کی تین علامات، عہد شکنی، قطع تعلقی اور فساد پھیلانا | قدرتِ الٰہی کی نشانیاں: انسان کی تخلیق، اسے موت دینا اور زمین و آسمان کی پیدائش

(1)...... اس آیت میں غور کریں تو ہم مسلمانوں کے لئے بھی نصیحت ہے کہ ہم بھی کچھ نہ تھے لیکن اللہ تعالیٰ نے ہمیں زندگی عطا کی اور زندگی گزارنے کے لوازمات اور نعمتوں سے نوازا تو اس کی عطاؤں سے فائدہ اٹھا کر اس کی یاد سے غافل ہونا اور ناشکری اور غفلت کی زندگی گزارنا کسی طرح ہمارے شایانِ شان نہیں ہے۔

يُحۡيِيۡكُمۡ ثُمَّ اِلَيۡهِ تُرۡجَعُوۡنَ ﴿٢٨﴾ هُوَ الَّذِىۡ خَلَقَ

يُحۡيِيۡكُمۡ	ثُمَّ	اِلَيۡهِ	تُرۡجَعُوۡنَ ﴿٢٨﴾	هُوَ	الَّذِىۡ	خَلَقَ
زندہ کرے گا تمہیں	پھر	اس کی طرف	تم لوٹائے جاؤ گے	وہ	جس نے	پیدا کیا، بنایا

تمہیں زندہ کرے گا پھر اسی کی طرف تمہیں لوٹایا جائے گا○ وہی ہے جس نے جو کچھ

لَكُمۡ مَّا فِى الۡاَرۡضِ جَمِيۡعًا ثُمَّ اسۡتَوٰۤى اِلَى السَّمَآءِ

لَكُمۡ	مَّا[1]	فِى الۡاَرۡضِ	جَمِيۡعًا	ثُمَّ	اسۡتَوٰۤى	اِلَى	السَّمَآءِ
تمہارے لئے	جو	زمین میں	سب	پھر	قصد فرمایا	کی طرف	آسمان

زمین میں ہے سب تمہارے لئے بنایا پھر اس نے آسمان کے بنانے کا قصد فرمایا

فَسَوّٰٮهُنَّ سَبۡعَ سَمٰوٰتٍ ؕ وَهُوَ بِكُلِّ شَىۡءٍ عَلِيۡمٌ ﴿٢٩﴾ وَاِذۡ

فَسَوّٰٮهُنَّ	سَبۡعَ	سَمٰوٰتٍ	وَ	هُوَ	بِكُلِّ شَىۡءٍ	عَلِيۡمٌ ﴿٢٩﴾	وَ	اِذۡ
تو ٹھیک بنایا انہیں	سات	آسمان	اور	وہ	ہر چیز کو	جاننے والا	اور	جب

تو ٹھیک سات آسمان بنائے اور وہ ہر شے کا خوب علم رکھتا ہے○ اور یاد کرو جب

قَالَ رَبُّكَ لِلۡمَلٰٓئِكَةِ اِنِّىۡ جَاعِلٌ فِى الۡاَرۡضِ

قَالَ	رَبُّكَ	لِلۡمَلٰٓئِكَةِ[2]	اِنِّىۡ	جَاعِلٌ	فِى الۡاَرۡضِ
کہا، فرمایا	تیرے رب (نے)	فرشتوں سے	بیشک میں	بنانے والا (ہوں)	زمین میں

تمہارے رب نے فرشتوں سے فرمایا: میں زمین میں اپنا نائب بنانے والا ہوں

خَلِيۡفَةً ؕ قَالُوۡۤا اَتَجۡعَلُ فِيۡهَا مَنۡ يُّفۡسِدُ

خَلِيۡفَةً	قَالُوۡۤا	اَتَجۡعَلُ	فِيۡهَا	مَنۡ	يُّفۡسِدُ
نائب، خلیفہ	انہوں نے کہا	کیا تو بنائے گا	اس میں	جو	فساد کرے، پھیلائے گا

تو انہوں نے عرض کیا: کیا تو زمین میں اسے نائب بنائے گا جو اس میں فساد پھیلائے گا

عنوان: حضرت آدم عَلَيْهِ السَّلَام کی تخلیق کا واقعہ، انہیں خلیفہ بنانا اور علم عطا فرمانا

1 ...... اس سے معلوم ہوا کہ جس چیز سے اللہ تعالیٰ نے منع نہیں فرمایا وہ ہمارے لئے مباح و حلال ہے۔

2 ...... فرشتوں کو خلیفہ بنانے کی خبر ظاہری طور پر مشورے کے انداز میں دی گئی ورنہ اللہ تعالیٰ اس سے پاک ہے کہ اسے کسی سے مشورے کی حاجت ہو۔

فِيْهَا وَيَسْفِكُ الدِّمَآءَ ۚ وَنَحْنُ نُسَبِّحُ بِحَمْدِكَ

فِيْهَا	وَ	يَسْفِكُ	الدِّمَآءَ	وَ	نَحْنُ	نُسَبِّحُ	بِحَمْدِكَ
اس میں	اور	بہائے گا	خون	اور (حالانکہ)	ہم	تسبیح کرتے ہیں	تیری حمد کے ساتھ

اور خون بہائے گا حالانکہ ہم تیری حمد کرتے ہوئے تیری تسبیح کرتے ہیں

وَنُقَدِّسُ لَكَ ؕ قَالَ اِنِّیْۤ اَعْلَمُ مَا لَا تَعْلَمُوْنَ ﴿۳۰﴾

وَ	نُقَدِّسُ	لَكَ	قَالَ	اِنِّیْۤ	اَعْلَمُ	مَا	لَا تَعْلَمُوْنَ ﴿۳۰﴾
اور	پاکی بیان کرتے ہیں	تیری	فرمایا	بیشک میں	جانتا ہوں	جو	تم نہیں جانتے

اور تیری پاکی بیان کرتے ہیں۔ فرمایا: بیشک میں وہ جانتا ہوں جو تم نہیں جانتے ○

وَعَلَّمَ اٰدَمَ الْاَسْمَآءَ كُلَّهَا ثُمَّ عَرَضَهُمْ عَلَى

وَ	عَلَّمَ	اٰدَمَ	الْاَسْمَآءَ	كُلَّهَا	ثُمَّ	عَرَضَهُمْ	عَلَى
اور	اس نے سکھا دیے	آدم (کو)	نام	تمام (اشیاء کے)	پھر	پیش کیا انہیں	پر

اور اللہ تعالیٰ نے آدم کو تمام اشیاء کے نام سکھا دیے پھر ان سب اشیاء کو

الْمَلٰٓئِكَةِ ۙ فَقَالَ اَنْۢبِـُٔوْنِیْ بِاَسْمَآءِ هٰۤؤُلَآءِ اِنْ كُنْتُمْ صٰدِقِیْنَ ﴿۳۱﴾

الْمَلٰٓئِكَةِ	فَقَالَ	اَنْۢبِـُٔوْنِیْ	بِاَسْمَآءِ (1)	هٰۤؤُلَآءِ	اِنْ	كُنْتُمْ	صٰدِقِیْنَ ﴿۳۱﴾
فرشتوں	تو فرمایا	مجھے بتاؤ	نام	ان کے	اگر	تم ہو	سچے

فرشتوں کے سامنے پیش کرکے فرمایا: اگر تم سچے ہو تو ان کے نام تو بتاؤ ○

قَالُوْا سُبْحٰنَكَ لَا عِلْمَ لَنَاۤ اِلَّا مَا عَلَّمْتَنَا ؕ

قَالُوْا	سُبْحٰنَكَ	لَا	عِلْمَ	لَنَاۤ	اِلَّا	مَا	عَلَّمْتَنَا (2)
انہوں نے کہا	تو پاک ہے	نہیں	علم	ہمیں	مگر	جو	تو نے سکھایا ہمیں

(فرشتوں نے) عرض کی: (اے اللہ!) تو پاک ہے ہمیں تو صرف اتنا علم ہے جتنا تو نے ہمیں سکھا دیا،

عنوان: حضرت آدم عَلَیْہِ السَّلَام کو علم الاسماء سکھایا جانا اور فرشتوں پر فضیلت

(1)...... اس آیت میں اللہ تعالیٰ نے حضرت آدم عَلَیْہِ السَّلَام کے فرشتوں پر افضل ہونے کا سبب علم ظاہر فرمایا، اس سے معلوم ہوا کہ علم خلوتوں اور تنہائیوں کی عبادت سے افضل ہے۔

(2)...... اس آیت سے انسان کی شرافت اور علم کی فضیلت ثابت ہوتی ہے اور یہ بھی کہ اللہ تعالیٰ کی طرف تعلیم کی نسبت کرنا صحیح ہے اگرچہ اس کو معلّم نہ کہا جائے گا کیونکہ معلّم پیشہ ور تعلیم دینے والے کو کہتے ہیں۔

اِنَّكَ اَنْتَ الْعَلِيْمُ الْحَكِيْمُ ﴿۳۲﴾ قَالَ يٰٓاٰدَمُ اَنْۢبِئْهُمْ بِاَسْمَآئِهِمْ ۚ

اِنَّكَ	اَنْتَ	الْعَلِيْمُ	الْحَكِيْمُ ﴿۳۲﴾	قَالَ	يٰٓاٰدَمُ	اَنْۢبِئْهُمْ	بِاَسْمَآئِهِمْ
بیشک تو	تو	علم والا	حکمت والا	فرمایا	اے آدم	بتادو انہیں	ان (اشیاء) کے نام

بے شک تو ہی علم والا، حکمت والا ہے ○ (پھر اللہ نے) فرمایا: اے آدم! تم انہیں ان اشیاء کے نام بتادو۔

فَلَمَّآ اَنْۢبَاَهُمْ بِاَسْمَآئِهِمْ ۙ قَالَ اَلَمْ اَقُلْ لَّكُمْ

فَلَمَّآ	اَنْۢبَاَهُمْ	بِاَسْمَآئِهِمْ	قَالَ	اَلَمْ اَقُلْ	لَّكُمْ
توجب	اس نے بتادیئے انہیں	ان (اشیاء) کے نام	فرمایا	کیا میں نے نہ کہا	تم سے

توجب آدم نے انہیں ان اشیاء کے نام بتادیئے تو (اللہ نے) فرمایا: (اے فرشتو!) کیا میں نے تمہیں نہ کہا تھا

اِنِّیْٓ اَعْلَمُ غَيْبَ السَّمٰوٰتِ وَالْاَرْضِ ۙ وَاَعْلَمُ

اِنِّیْٓ	اَعْلَمُ	غَيْبَ	السَّمٰوٰتِ	وَ	الْاَرْضِ	وَ	اَعْلَمُ
بیشک میں	جانتا ہوں	پوشیدہ، چھپی	آسمانوں	اور	زمین (کی)	اور	جانتا ہوں

کہ میں آسمانوں اور زمین کی تمام چھپی چیزیں جانتا ہوں اور میں جانتا ہوں

مَا تُبْدُوْنَ وَمَا كُنْتُمْ تَكْتُمُوْنَ ﴿۳۳﴾ وَاِذْ قُلْنَا لِلْمَلٰٓئِكَةِ

مَا	تُبْدُوْنَ	وَ	مَا	كُنْتُمْ تَكْتُمُوْنَ ﴿۳۳﴾	وَ	اِذْ	قُلْنَا	لِلْمَلٰٓئِكَةِ
جو	تم ظاہر کرتے ہو	اور	جو	تم چھپاتے تھے	اور	جب	ہم نے کہا	فرشتوں سے

جو کچھ تم ظاہر کرتے اور جو کچھ تم چھپاتے ہو ○ اور یاد کرو جب ہم نے فرشتوں کو حکم دیا کہ

اسْجُدُوْا لِاٰدَمَ فَسَجَدُوْٓا اِلَّآ اِبْلِيْسَ ؕ اَبٰى وَاسْتَكْبَرَ ۫

اسْجُدُوْا	لِاٰدَمَ	فَسَجَدُوْٓا (1)	اِلَّآ	اِبْلِيْسَ	اَبٰى	وَ	اسْتَكْبَرَ (2)
سجدہ کرو	آدم کو	تو انہوں نے سجدہ کیا	مگر	ابلیس، شیطان	اس نے انکار کیا	اور	تکبر کیا

آدم کو سجدہ کرو تو ابلیس کے علاوہ سب نے سجدہ کیا۔ اس نے انکار کیا اور تکبر کیا

عنوان: حکمِ الٰہی پر فرشتوں کا آدم عَلَیْہِ السَّلَام کو سجدہ کرنا جبکہ ابلیس کا انکار و تکبر

(1) ......فرشتوں نے حضرت آدم عَلَیْہِ السَّلَام کو تعظیمی سجدہ کیا تھا اور وہ باقاعدہ پیشانی زمین پر رکھنے کی صورت میں تھا، صرف سر جھکانا نہ تھا۔

(2) ......اس واقعہ سے معلوم ہوا کہ تکبر ایسا خطرناک عمل ہے کہ یہ بعض اوقات بندے کو کفر تک پہنچا دیتا ہے، اس لئے ہر مسلمان کو چاہیے کہ وہ تکبر کرنے سے بچے۔

وَكَانَ مِنَ الْكٰفِرِيْنَ ﴿۳۴﴾ وَقُلْنَا يٰۤاٰدَمُ اسْكُنْ اَنْتَ وَ

وَ	كَانَ	مِنَ	الْكٰفِرِيْنَ ﴿۳۴﴾	وَ	قُلْنَا	يٰۤاٰدَمُ	اسْكُنْ	اَنْتَ	وَ
اور	ہو گیا	سے	کافروں	اور	ہم نے کہا	اے آدم	رہو	تم	اور

اور کافر ہو گیا ○ اور ہم نے فرمایا: اے آدم! تم اور

زَوْجُكَ الْجَنَّةَ وَكُلَا مِنْهَا رَغَدًا حَيْثُ شِئْتُمَا ۪ وَ

زَوْجُكَ	الْجَنَّةَ	وَ	كُلَا	مِنْهَا	رَغَدًا	حَيْثُ	شِئْتُمَا	وَ
تمہاری بیوی	جنت (میں)	اور	کھاؤ	اس سے	روک ٹوک کے بغیر	جہاں	تم چاہو	اور

تمہاری بیوی جنت میں رہو اور بغیر روک ٹوک کے جہاں تمہارا جی چاہے کھاؤ البتہ

لَا تَقْرَبَا هٰذِهِ الشَّجَرَةَ فَتَكُوْنَا مِنَ الظّٰلِمِيْنَ ﴿۳۵﴾

لَا تَقْرَبَا	هٰذِهِ	الشَّجَرَةَ	فَتَكُوْنَا	مِنَ	الظّٰلِمِيْنَ ﴿۳۵﴾ (1)
قریب نہ جانا تم دونوں	اس	درخت (کے)	(اگر گئے) تو ہو جاؤ گے	سے	ظالموں

اس درخت کے قریب نہ جانا ورنہ حد سے بڑھنے والوں میں شامل ہو جاؤ گے ○

فَاَزَلَّهُمَا الشَّيْطٰنُ عَنْهَا فَاَخْرَجَهُمَا

فَاَزَلَّهُمَا (2)	الشَّيْطٰنُ	عَنْهَا	فَاَخْرَجَهُمَا
پس پھسلا دیا، لغزش دی انہیں	شیطان (نے)	اس (جنت یا درخت) سے	تو نکلوا دیا انہیں

تو شیطان نے ان دونوں کو جنت سے لغزش دی پس انہیں وہاں سے نکلوا دیا

مِمَّا كَانَا فِيْهِ ۪ وَقُلْنَا اهْبِطُوْا بَعْضُكُمْ لِبَعْضٍ

مِمَّا	كَانَا	فِيْهِ	وَ	قُلْنَا	اهْبِطُوْا	بَعْضُكُمْ	لِبَعْضٍ
(اس) سے جو	وہ تھے	اس میں	اور	ہم نے کہا	نیچے اتر جاؤ	تمہارے بعض	بعض کے

جہاں وہ رہتے تھے اور ہم نے فرمایا: تم نیچے اتر جاؤ۔ تم ایک دوسرے کے

عنوان: حضرت آدم عَلَیْہِ السَّلَام کی جنت میں تشریف آوری اور شیطان کا واقعہ

(1) ...... اللہ تعالیٰ مالک ہے، وہ اپنے مقبول بندوں کو جو چاہے فرمائے، کسی دوسرے کو یہ حق حاصل نہیں کہ اسے بنیاد بنا کر انبیاء کرام عَلَیْہِمُ السَّلَام کے بارے خلاف ادب کلمات کہے۔

(2) ...... تلاوت قرآن کے علاوہ اپنی طرف سے حضرت آدم عَلَیْہِ السَّلَام کی طرف نافرمانی وگناہ کی نسبت کرنا حرام بلکہ علماء کرام کی ایک جماعت نے اسے کفر بتایا ہے۔

عَدُوٌّ ۚ وَلَكُمْ فِي الْاَرْضِ مُسْتَقَرٌّ وَّمَتَاعٌ اِلٰى

عَدُوٌّ	وَ	لَكُمْ	فِي الْاَرْضِ	مُسْتَقَرٌّ	وَّ	مَتَاعٌ	اِلٰى
دشمن	اور	تمہارے لئے	زمین میں	جائے قرار، ٹھکانہ	اور	سامانِ زندگی	تک

دشمن بنوگے اور تمہارے لئے ایک خاص وقت تک زمین میں ٹھکانہ اور (زندگی گزارنے کا)

حِيْنٍ ﴿٣٦﴾ فَتَلَقّٰىٓ اٰدَمُ مِنْ رَّبِّهٖ كَلِمٰتٍ

حِيْنٍ ﴿٣٦﴾	فَتَلَقّٰىٓ	اٰدَمُ	مِنْ	رَّبِّهٖ	كَلِمٰتٍ
وقت	پھر سیکھ لئے	آدم (نے)	سے	اپنے رب	کچھ کلمات

سامان ہے ○ پھر آدم نے اپنے رب سے کچھ کلمات سیکھ لئے

فَتَابَ عَلَيْهِ ۭ اِنَّهٗ هُوَ التَّوَّابُ الرَّحِيْمُ ﴿٣٧﴾

فَتَابَ عَلَيْهِ (1)	اِنَّهٗ	هُوَ	التَّوَّابُ	الرَّحِيْمُ ﴿٣٧﴾
تو اللہ نے توبہ قبول کی اس کی	بیشک وہ	وہ	بہت توبہ قبول کرنے والا	بڑا مہربان

تو اللہ نے اس کی توبہ قبول کی۔ بیشک وہی بہت توبہ قبول کرنے والا بڑا مہربان ہے ○

قُلْنَا اهْبِطُوْا مِنْهَا جَمِيْعًا ۚ فَاِمَّا يَاْتِيَنَّكُمْ

قُلْنَا	اهْبِطُوْا (2)	مِنْهَا	جَمِيْعًا	فَاِمَّا	يَاْتِيَنَّكُمْ
ہم نے کہا	اتر جاؤ	اس سے	سب	پھر اگر	آئے تمہارے پاس

ہم نے فرمایا: تم سب جنت سے اتر جاؤ پھر اگر تمہارے پاس

مِّنِّيْ هُدًى فَمَنْ تَبِعَ هُدَايَ فَلَا خَوْفٌ

مِّنِّيْ	هُدًى	فَمَنْ	تَبِعَ	هُدَايَ	فَلَا	خَوْفٌ
میری طرف سے	ہدایت	تو جو	پیروی کرے	میری ہدایت (کی)	تو نہیں	خوف

میری طرف سے کوئی ہدایت آئے تو جو میری ہدایت کی پیروی کریں گے انہیں نہ کوئی خوف ہوگا

عنوان: حضرت آدم عَلَيْهِ السَّلَام کا زمین پر اترنا اور احکام الٰہیہ

(1) ...... جب توبہ کی نسبت اللہ تعالیٰ کی طرف ہو تو اس سے مراد "توبہ قبول کرنا" یا "اللہ تعالیٰ کا اپنی رحمت کے ساتھ بندے پر رجوع فرمانا" ہوتا ہے۔

(2) ...... یہاں جمع کے صیغے کے ساتھ سب کو اترنے کا فرمایا، اس میں حضرت آدم عَلَيْهِ السَّلَام اور حضرت حواء رَضِيَ اللّٰهُ عَنْهَا کے ساتھ ان کی اولاد بھی مراد ہے جو ابھی حضرت آدم عَلَيْهِ السَّلَام کی پشت میں تھی۔

عَلَيۡهِمۡ وَلَا هُمۡ يَحۡزَنُوۡنَ ﴿۳۸﴾ وَالَّذِيۡنَ كَفَرُوۡا وَ

عَلَيۡهِمۡ	وَ	لَا	هُمۡ	يَحۡزَنُوۡنَ ﴿۳۸﴾	وَ	الَّذِيۡنَ	كَفَرُوۡا	وَ
ان پر	اور	نہ	وہ	غمگین ہوں گے	اور	وہ لوگ جو	کافر ہوئے	اور

اور نہ وہ غمگین ہوں گے ○ اور وہ جو کفر کریں گے اور

كَذَّبُوۡا بِاٰيٰتِنَاۤ اُولٰٓئِكَ اَصۡحٰبُ النَّارِ ۚ هُمۡ فِيۡهَا خٰلِدُوۡنَ ﴿۳۹﴾ ع

كَذَّبُوۡا	بِاٰيٰتِنَاۤ	اُولٰٓئِكَ	اَصۡحٰبُ النَّارِ	هُمۡ	فِيۡهَا	خٰلِدُوۡنَ ﴿۳۹﴾
انہوں نے جھٹلایا	ہماری آیتوں کو	یہ لوگ	آگ والے	وہ	اس میں	ہمیشہ رہنے والے

میری آیتوں کو جھٹلائیں گے وہ دوزخ والے ہوں گے، وہ ہمیشہ اس میں رہیں گے ○

يٰبَنِيۡۤ اِسۡرَآءِيۡلَ اذۡكُرُوۡا نِعۡمَتِيَ الَّتِيۡۤ اَنۡعَمۡتُ

يٰبَنِيۡۤ	اِسۡرَآءِيۡلَ (1)	اذۡكُرُوۡا (2)	نِعۡمَتِيَ	الَّتِيۡۤ	اَنۡعَمۡتُ
اے بیٹے، اولادِ	یعقوب	یاد کرو	میری نعمت، احسان	جو	میں نے انعام کیا

اے یعقوب کی اولاد! یاد کرو میرا وہ احسان جو میں نے تم پر کیا

عَلَيۡكُمۡ وَاَوۡفُوۡا بِعَهۡدِيۡۤ اُوۡفِ بِعَهۡدِكُمۡ ۚ وَاِيَّايَ

عَلَيۡكُمۡ	وَ	اَوۡفُوۡا	بِعَهۡدِيۡۤ	اُوۡفِ	بِعَهۡدِكُمۡ	وَ	اِيَّايَ
تم پر	اور	پورا کرو	میرے عہد کو	میں پورا کروں گا	تمہارے عہد کو	اور	مجھ سے

اور میرا عہد پورا کرو میں تمہارا عہد پورا کروں گا اور صرف مجھ سے

فَارۡهَبُوۡنِ ﴿۴۰﴾ وَاٰمِنُوۡا بِمَاۤ اَنۡزَلۡتُ مُصَدِّقًا لِّمَا

فَارۡهَبُوۡنِ ﴿۴۰﴾	وَ	اٰمِنُوۡا	بِمَاۤ	اَنۡزَلۡتُ	مُصَدِّقًا	لِّمَا
پس ڈرو مجھ سے	اور	ایمان لاؤ	(اس) پر جو	میں نے نازل کیا	تصدیق کرنے والا	(اس) کی جو

ڈرو ○ اور ایمان لاؤ اس (کتاب) پر جو میں نے اتاری ہے وہ تمہارے پاس موجود کتاب کی تصدیق

عنوان بنی اسرائیل کو نعمتوں کی یاد دہانی اور چند احکام: عہد پورا کرنا، حق و باطل کو نہ ملانا، نماز و زکوٰۃ کی پابندی وغیرہا

(1)...... اس آیت میں نبی کریم صَلَّی اللّٰہُ عَلَیْہِ وَسَلَّم کے زمانے کے یہودیوں کو مخاطب کر کے کلام فرمایا گیا ہے۔

(2)...... یہاں یاد کرنے سے مراد صرف زبان سے تذکرہ کرنا نہیں ہے بلکہ اس سے مراد یہ ہے کہ وہ اللہ تعالیٰ کی اطاعت و بندگی کر کے ان نعمتوں کا شکر بجالائیں کیونکہ کسی نعمت کا شکر نہ کرنا اس کو بھلا دینے کے مترادف ہے۔

مَعَكُمْ وَ لَا تَكُوْنُوْٓا اَوَّلَ كَافِرٍۭ بِهٖ ۪ وَ

مَعَكُمْ	وَ	لَا تَكُوْنُوْٓا	اَوَّلَ	كَافِرٍ	بِهٖ	وَ
تمہارے ساتھ (ہے)	اور	نہ ہو جاؤ	سب سے پہلے	انکار کرنے والے	اس کا	اور

کرنے والی ہے اور سب سے پہلے اس کا انکار کرنے والے نہ بنو اور

لَا تَشْتَرُوْا بِاٰيٰتِیْ ثَمَنًا قَلِيْلًا ۫ وَّ اِيَّایَ فَاتَّقُوْنِ ﴿۴۱﴾

لَا تَشْتَرُوْا	بِاٰيٰتِیْ	ثَمَنًا	قَلِيْلًا	وَّ	اِيَّایَ	فَاتَّقُوْنِ ﴿۴۱﴾
نہ خریدو، نہ لو تم	میری آیتوں کے بدلے	قیمت	تھوڑی	اور	مجھ سے	پس تم ڈرو مجھ سے

میری آیتوں کے بدلے تھوڑی قیمت نہ وصول کرو اور مجھ ہی سے ڈرو ۝

وَ لَا تَلْبِسُوا الْحَقَّ بِالْبَاطِلِ وَ تَكْتُمُوا الْحَقَّ وَ اَنْتُمْ

وَ	لَا تَلْبِسُوْا	الْحَقَّ	بِالْبَاطِلِ (1)	وَ	تَكْتُمُوْا	الْحَقَّ	وَ	اَنْتُمْ
اور	نہ ملاؤ تم	حق	باطل کے ساتھ	اور	(نہ) چھپاؤ تم	حق	اور (حالانکہ)	تم

اور حق کو باطل کے ساتھ نہ ملاؤ اور جان بوجھ کر

تَعْلَمُوْنَ ﴿۴۲﴾ وَ اَقِيْمُوا الصَّلٰوةَ وَ اٰتُوا الزَّكٰوةَ وَ ارْكَعُوْا مَعَ

تَعْلَمُوْنَ ﴿۴۲﴾	وَ	اَقِيْمُوْا	الصَّلٰوةَ	وَ	اٰتُوْا	الزَّكٰوةَ	وَ	ارْكَعُوْا	مَعَ
جانتے ہو	اور	قائم رکھو	نماز	اور	ادا کرو	زکوٰۃ	اور	رکوع کرو	ساتھ

حق نہ چھپاؤ ۝ اور نماز قائم رکھو اور زکوٰۃ ادا کرو اور رکوع کرنے والوں

الرّٰكِعِيْنَ ﴿۴۳﴾ اَتَاْمُرُوْنَ النَّاسَ بِالْبِرِّ وَ تَنْسَوْنَ

الرّٰكِعِيْنَ ﴿۴۳﴾	اَ	تَاْمُرُوْنَ	النَّاسَ	بِالْبِرِّ	وَ	تَنْسَوْنَ
رکوع کرنے والوں (کے)	کیا	تم حکم دیتے ہو	لوگوں (کو)	نیکی کا	اور	بھول جاتے ہو

کے ساتھ رکوع کرو ۝ کیا تم لوگوں کو بھلائی کا حکم دیتے ہو اور اپنے آپ کو

عنوان: بنی اسرائیل کا دوسروں کو نیکی کا حکم دینا اور اپنے آپ کو بھلا دینا

(1)...... اس آیت سے معلوم ہوا کہ ہر ایک کو چاہئے کہ وہ حق کو باطل سے نہ ملائے اور نہ ہی حق کو چھپائے کیونکہ اس میں فساد اور نقصان ہے اور یہ بھی معلوم ہوا کہ حق بات جاننے والے پر اسے ظاہر کرنا واجب ہے اور حق بات کو چھپانا اس پر حرام ہے۔

اَنْفُسَكُمْ وَ اَنْتُمْ تَتْلُوْنَ الْكِتٰبَ ؕ اَفَلَا تَعْقِلُوْنَ ﴿۴۴﴾

اَنْفُسَكُمْ	وَ	اَنْتُمْ	تَتْلُوْنَ	الْكِتٰبَ	اَفَلَا تَعْقِلُوْنَ ﴿۴۴﴾ [1]
اپنی جانیں	اور (حالانکہ)	تم	تلاوت کرتے ہو، پڑھتے ہو	کتاب	تو کیا تم عقل نہیں رکھتے

بھولتے ہو حالانکہ تم کتاب پڑھتے ہو تو کیا تمہیں عقل نہیں ○

وَ اسْتَعِيْنُوْا بِالصَّبْرِ وَ الصَّلٰوةِ ؕ وَ اِنَّهَا لَكَبِيْرَةٌ

وَ	اسْتَعِيْنُوْا	بِالصَّبْرِ	وَ	الصَّلٰوةِ [2]	وَ	اِنَّهَا	لَكَبِيْرَةٌ
اور	مدد طلب کرو	صبر سے	اور	نماز (سے)	اور	بیشک وہ (نماز)	ضرور بھاری (ہے)

اور صبر اور نماز سے مدد حاصل کرو اور بیشک نماز ضرور بھاری ہے

اِلَّا عَلَى الْخٰشِعِيْنَ ﴿۴۵﴾ الَّذِيْنَ يَظُنُّوْنَ اَنَّهُمْ مُّلٰقُوْا رَبِّهِمْ

اِلَّا	عَلَى	الْخٰشِعِيْنَ ﴿۴۵﴾	الَّذِيْنَ	يَظُنُّوْنَ	اَنَّهُمْ	مُّلٰقُوْا	رَبِّهِمْ
مگر	پر	ڈرنے والوں	وہ لوگ جو	یقین رکھتے ہیں	کہ وہ	ملنے والے ہیں	اپنے رب (سے)

مگر ان پر جو دل سے میری طرف جھکتے ہیں ○ جنہیں یقین ہے کہ انہیں اپنے رب سے ملنا ہے

وَ اَنَّهُمْ اِلَيْهِ رٰجِعُوْنَ ﴿۴۶﴾ ع يٰبَنِيْۤ اِسْرَآءِيْلَ اذْكُرُوْا

وَ	اَنَّهُمْ	اِلَيْهِ	رٰجِعُوْنَ ﴿۴۶﴾	يٰبَنِيْۤ	اِسْرَآءِيْلَ	اذْكُرُوْا
اور	بیشک وہ	اسی کی طرف	لوٹنے والے ہیں	اے بیٹے، اولادِ	یعقوب	یاد کرو

اور انہیں اسی کی طرف لوٹ کر جانا ہے ○ اے یعقوب کی اولاد! یاد کرو

نِعْمَتِيَ الَّتِيْۤ اَنْعَمْتُ عَلَيْكُمْ وَ اَنِّيْ فَضَّلْتُكُمْ

نِعْمَتِيَ	الَّتِيْۤ	اَنْعَمْتُ	عَلَيْكُمْ	وَ	اَنِّيْ	فَضَّلْتُكُمْ
میری نعمت، احسان	جو	میں نے انعام کیا	تم پر	اور	بیشک میں (نے)	فضیلت دی تمہیں

میرا وہ احسان جو میں نے تم پر کیا اور یہ کہ میں نے تمہیں اس سارے زمانے پر فضیلت

عنوان: صبر اور نماز سے مدد حاصل کرنے کا حکم | یہودیوں کو نعمتوں کی تفصیلی یاد دہانی

(1)...... اس آیت کا شانِ نزول خاص ہونے کے باوجود حکم عام ہے اور ہر نیکی کا حکم دینے والے کے لئے اس میں تازیانہ عبرت ہے۔

(2)...... صبر کی وجہ سے قلبی قوت میں اضافہ اور نماز کی برکت سے اللہ تعالیٰ سے تعلق مضبوط ہوتا ہے اور یہ دونوں چیزیں پریشانیوں کو برداشت کرنے اور انہیں دور کرنے میں سب سے بڑی معاون ہیں۔

عَلَى الْعٰلَمِيْنَ ﴿۴۷﴾ وَاتَّقُوْا يَوْمًا لَّا تَجْزِيْ نَفْسٌ عَنْ نَّفْسٍ شَيْـًٔا

شَيْـًٔا	نَّفْسٍ	عَنْ	نَفْسٌ	لَّا تَجْزِيْ	يَوْمًا	اتَّقُوْا	وَ	الْعٰلَمِيْنَ ﴿۴۷﴾ (1)	عَلَى
کچھ	کسی جان	سے	کوئی جان	بدلہ نہ دے گی	دن (سے)	ڈرو	اور	سارے جہان	پر

عطا فرمائی ○ اور اس دن سے ڈرو جس دن کوئی جان کسی دوسرے کی طرف سے بدلہ نہ دے گی

وَّلَا يُقْبَلُ مِنْهَا شَفَاعَةٌ وَّلَا يُؤْخَذُ مِنْهَا

مِنْهَا	لَا يُؤْخَذُ	وَّ	شَفَاعَةٌ	مِنْهَا	لَا يُقْبَلُ	وَّ
اس سے	نہیں لیا جائے گا	اور	شفاعت، سفارش	اس سے	نہیں قبول کی جائے گی	اور

اور نہ کوئی سفارش مانی جائے گی اور نہ اس سے کوئی معاوضہ لیا جائے گا

عَدْلٌ وَّلَا هُمْ يُنْصَرُوْنَ ﴿۴۸﴾ وَاِذْ نَجَّيْنٰكُمْ

نَجَّيْنٰكُمْ	اِذْ	وَ	يُنْصَرُوْنَ ﴿۴۸﴾ (2)	هُمْ	لَا	وَّ	عَدْلٌ
ہم نے نجات دی تمہیں	جب	اور	مدد کئے جائیں گے	وہ	نہ	اور	بدلہ، معاوضہ

اور نہ ان کی مدد کی جائے گی ○ اور (یاد کرو) جب ہم نے تمہیں

مِّنْ اٰلِ فِرْعَوْنَ يَسُوْمُوْنَكُمْ سُوْٓءَ الْعَذَابِ يُذَبِّحُوْنَ اَبْنَآءَكُمْ

اَبْنَآءَكُمْ	يُذَبِّحُوْنَ	الْعَذَابِ	سُوْٓءَ	يَسُوْمُوْنَكُمْ	اٰلِ فِرْعَوْنَ	مِّنْ
تمہارے بیٹے	وہ ذبح کرتے	عذاب	برا	تمہیں پہنچاتے	فرعون والوں	سے

فرعونیوں سے نجات دی جو تمہیں بہت برا عذاب دیتے تھے، تمہارے بیٹوں کو ذبح کرتے تھے

وَيَسْتَحْيُوْنَ نِسَآءَكُمْ ؕ وَفِيْ ذٰلِكُمْ بَلَآءٌ

بَلَآءٌ	ذٰلِكُمْ	فِيْ	وَ	نِسَآءَكُمْ	يَسْتَحْيُوْنَ	وَ
آزمائش (تھی)	اس	میں	اور	تمہاری عورتیں، بچیاں	زندہ چھوڑ دیتے	اور

اور تمہاری بیٹیوں کو زندہ چھوڑ دیتے اور اس میں

عنوان: یہودیوں کو فکرِ آخرت کا حکم — فرعون کے بنی اسرائیل پر مظالم اور اللہ تعالیٰ کا موسیٰ عَلَیْہِ السَّلَام کے وسیلے سے انہیں نجات دینا

(1)...... اس سے مراد یہ ہے کہ بنی اسرائیل کو ان کے زمانے میں تمام لوگوں پر فضیلت عطا کی گئی اور جب حضور پر نور صَلَّی اللہُ عَلَیْہِ وَسَلَّم کی آمد ہوئی تو یہ فضیلت آپ صَلَّی اللہُ عَلَیْہِ وَسَلَّم کی امت کی طرف منتقل ہو گئی۔

(2)...... اس سے معلوم ہوا کہ قیامت کے دن کافر کو نہ کوئی کافر نفع پہنچا سکے گا اور نہ کوئی مسلمان، اس دن شفاعت صرف مسلمان کے لئے ہو گی۔

مِّنْ رَّبِّكُمْ عَظِيْمٌ ﴿۴۹﴾ وَ اِذْ فَرَقْنَا بِكُمُ الْبَحْرَ

الْبَحْرَ	بِكُمُ	فَرَقْنَا	اِذْ	وَ	عَظِيْمٌ ﴿۴۹﴾	رَّبِّكُمْ	مِّنْ
دریا	تمہارے لئے	ہم نے پھاڑ دیا	جب	اور	بڑی	تمہارے رب	کی طرف سے

تمہارے رب کی طرف سے بڑی آزمائش تھی ○ اور (یاد کرو) جب ہم نے تمہارے لئے دریا کو پھاڑ دیا

فَاَنْجَيْنٰكُمْ وَ اَغْرَقْنَاۤ اٰلَ فِرْعَوْنَ وَ اَنْتُمْ تَنْظُرُوْنَ ﴿۵۰﴾ وَ

وَ	تَنْظُرُوْنَ ﴿۵۰﴾	اَنْتُمْ	وَ	اٰلَ فِرْعَوْنَ	اَغْرَقْنَاۤ	وَ	فَاَنْجَيْنٰكُمْ
اور	دیکھ رہے تھے	تم	اور	فرعون والے	غرق کر دیئے	اور	تو ہم نے نجات دی تمہیں

تو ہم نے تمہیں بچالیا اور فرعونیوں کو تمہاری آنکھوں کے سامنے غرق کر دیا ○ اور

اِذْ وٰعَدْنَا مُوْسٰۤى اَرْبَعِيْنَ لَيْلَةً ثُمَّ اتَّخَذْتُمُ

اتَّخَذْتُمُ	ثُمَّ	اَرْبَعِيْنَ لَيْلَةً (1)	مُوْسٰۤى	وٰعَدْنَا	اِذْ
تم نے بنالیا، اختیار کر لیا	پھر	چالیس راتوں (کا)	موسیٰ (سے)	ہم نے وعدہ فرمایا	جب

یاد کرو جب ہم نے موسیٰ سے چالیس راتوں کا وعدہ فرمایا پھر اس کے پیچھے تم نے

الْعِجْلَ مِنْۢ بَعْدِهٖ وَ اَنْتُمْ ظٰلِمُوْنَ ﴿۵۱﴾ ثُمَّ عَفَوْنَا

عَفَوْنَا	ثُمَّ	ظٰلِمُوْنَ ﴿۵۱﴾	اَنْتُمْ	وَ	بَعْدِهٖ	مِنْۢ	الْعِجْلَ
ہم نے معاف کیا، درگزر کیا	پھر	ظلم کرنے والے	تم	اور	اس کے بعد	سے	بچھڑا (بطورِ معبود)

بچھڑے کی پوجا شروع کر دی اور تم واقعی ظالم تھے ○ پھر اس کے بعد ہم نے

عَنْكُمْ مِّنْۢ بَعْدِ ذٰلِكَ لَعَلَّكُمْ تَشْكُرُوْنَ ﴿۵۲﴾ وَ اِذْ اٰتَيْنَا مُوْسَى

مُوْسَى	اٰتَيْنَا	اِذْ	وَ	تَشْكُرُوْنَ ﴿۵۲﴾	لَعَلَّكُمْ	بَعْدِ ذٰلِكَ	مِّنْۢ	عَنْكُمْ
موسیٰ (کو)	ہم نے دی	جب	اور	شکر ادا کرو	تاکہ تم	اس کے بعد	سے	تم سے

تمہیں معافی عطا فرمائی تاکہ تم شکر ادا کرو ○ اور یاد کرو جب ہم نے موسیٰ کو

عنوان: بنی اسرائیل کے لئے دریا میں راستہ بننا اور فرعونیوں کا غرق ہونا — تورات عطا کئے جانے کا وعدہ، بنی اسرائیل کی بچھڑا پرستی اور اس سے توبہ و معافی — بنی اسرائیل کی ہدایت کے لئے تورات عطا کیا جانا

(1) ...... فرعون اور فرعونیوں کی ہلاکت کے بعد جب حضرت موسیٰ عَلَیْہِ السَّلَام بنی اسرائیل کو لے کر مصر کی طرف لوٹے تو ان کی درخواست پر اللہ تعالیٰ نے تورات عطا فرمانے کا وعدہ فرمایا اور اس کے لئے تیس دن اور پھر دس دن کا اضافہ کرکے چالیس دن کی مدت مقرر ہوئی۔

الْكِتٰبَ وَالْفُرْقَانَ لَعَلَّكُمْ تَهْتَدُوْنَ ۝۵۳ وَاِذْ قَالَ مُوْسٰى

مُوْسٰى	قَالَ	اِذْ	وَ	تَهْتَدُوْنَ ۝۵۳	لَعَلَّكُمْ	الْفُرْقَانَ	وَ	الْكِتٰبَ
موسیٰ (نے)	کہا	جب	اور	ہدایت پا جاؤ	تا کہ تم	حق و باطل میں فرق کرنا	اور	کتاب

کتاب عطا کی اور حق و باطل میں فرق کرنا تا کہ تم ہدایت پا جاؤ ○ اور یاد کرو جب موسیٰ نے

لِقَوْمِهٖ یٰقَوْمِ اِنَّكُمْ ظَلَمْتُمْ اَنْفُسَكُمْ

اَنْفُسَكُمْ	ظَلَمْتُمْ	اِنَّكُمْ	یٰقَوْمِ	لِقَوْمِهٖ
اپنی جانوں (پر)	تم نے ظلم کیا	بیشک تم	اے میری قوم	اپنی قوم سے

اپنی قوم سے کہا: اے میری قوم تم نے بچھڑے (کو معبود) بنا کر اپنی جانوں پر ظلم کیا

بِاتِّخَاذِكُمُ الْعِجْلَ فَتُوْبُوْۤا اِلٰى

اِلٰى	فَتُوْبُوْۤا	الْعِجْلَ	بِاتِّخَاذِكُمُ
کی طرف	تو تم توبہ کرو	بچھڑا (بطورِ معبود)	تمہارے بنانے کے، اختیار کر لینے کے سبب

لہٰذا (اب) اپنے پیدا کرنے والے کی بارگاہ میں توبہ کرو

بَارِىٕكُمْ فَاقْتُلُوْۤا اَنْفُسَكُمْ ؕ ذٰلِكُمْ خَیْرٌ لَّكُمْ

لَّكُمْ	خَیْرٌ	ذٰلِكُمْ	اَنْفُسَكُمْ	فَاقْتُلُوْۤا (1)	بَارِىٕكُمْ
تمہارے لئے	بہتر (ہے)	یہ	اپنی جانیں، اپنے لوگ	پس تم قتل کرو	اپنے پیدا کرنے والے

(یوں) کہ تم اپنے لوگوں کو قتل کرو۔ یہ تمہارے پیدا کرنے والے کے نزدیک

عِنْدَ بَارِىٕكُمْ ؕ فَتَابَ عَلَیْكُمْ ؕ اِنَّهٗ هُوَ

هُوَ	اِنَّهٗ	فَتَابَ عَلَیْكُمْ	بَارِىٕكُمْ	عِنْدَ
وہ	بیشک وہ	تو اس نے توبہ قبول کی تمہاری	تمہیں پیدا کرنے والے (کے)	نزدیک

تمہارے لیے بہتر ہے تو اس نے تمہاری توبہ قبول کی بیشک وہی

عنوان: بنی اسرائیل کی بچھڑا پرستی سے توبہ

(1) ......اس آیت سے معلوم ہوا کہ شرک کرنے سے مسلمان مرتد ہو جاتا ہے اور مرتد کی سزا قتل ہے کیونکہ یہ اللہ تعالیٰ سے بغاوت کر رہا ہے اور جو اللہ تعالیٰ کا باغی ہو اسے قتل کر دینا ہی حکمت اور مصلحت کے عین مطابق ہے۔

التَّوَّابُ الرَّحِيۡمُ ﴿۵۴﴾ وَاِذۡ قُلۡتُمۡ يٰمُوۡسٰى لَنۡ نُّؤۡمِنَ

لَنۡ نُّؤۡمِنَ	يٰمُوۡسٰى	قُلۡتُمۡ	اِذۡ	وَ	الرَّحِيۡمُ ﴿۵۴﴾	التَّوَّابُ
ہم ہرگز یقین نہیں کریں گے	اے موسیٰ	تم نے کہا	جب	اور	مہربان	بہت توبہ قبول کرنے والا

بہت توبہ قبول کرنے والا مہربان ہے ○ اور یاد کرو جب تم نے کہا: اے موسیٰ! ہم ہرگز تمہارا یقین نہ کریں گے

لَكَ حَتّٰى نَرَى اللّٰهَ جَهۡرَةً فَاَخَذَتۡكُمُ الصّٰعِقَةُ وَ

وَ	الصّٰعِقَةُ	فَاَخَذَتۡكُمُ	جَهۡرَةً	اللّٰهَ	نَرَى	حَتّٰى	لَكَ
اور	کڑک (نے)	تو پکڑ لیا تمہیں	اعلانیہ	اللہ (کو)	ہم دیکھ لیں	یہاں تک کہ	آپ کا

جب تک اعلانیہ خدا کو نہ دیکھ لیں تو تمہارے دیکھتے ہی دیکھتے تمہیں

اَنۡتُمۡ تَنۡظُرُوۡنَ ﴿۵۵﴾ ثُمَّ بَعَثۡنٰكُمۡ مِّنۡۢ بَعۡدِ مَوۡتِكُمۡ لَعَلَّكُمۡ

لَعَلَّكُمۡ	بَعۡدِ مَوۡتِكُمۡ	مِّنۡۢ	بَعَثۡنٰكُمۡ	ثُمَّ	تَنۡظُرُوۡنَ ﴿۵۵﴾ [1]	اَنۡتُمۡ
تاکہ تم	تمہاری موت کے بعد	سے	ہم نے زندہ کیا تمہیں	پھر	دیکھ رہے تھے	تم

کڑک نے پکڑ لیا ○ پھر تمہاری موت کے بعد ہم نے تمہیں زندہ کیا تاکہ

تَشۡكُرُوۡنَ ﴿۵۶﴾ وَظَلَّلۡنَا عَلَيۡكُمُ الۡغَمَامَ وَاَنۡزَلۡنَا عَلَيۡكُمُ الۡمَنَّ

الۡمَنَّ	عَلَيۡكُمُ	اَنۡزَلۡنَا	وَ	الۡغَمَامَ	عَلَيۡكُمُ	ظَلَّلۡنَا	وَ	تَشۡكُرُوۡنَ ﴿۵۶﴾
مَن	تمہارے اوپر	نازل کیا	اور	بادل (کو)	تمہارے اوپر	ہم نے سایہ بنادیا	اور	شکر ادا کرو

تم شکر ادا کرو ○ اور ہم نے تمہارے اوپر بادل کو سایہ بنادیا اور تمہارے اوپر من

وَالسَّلۡوٰى ؕ كُلُوۡا مِنۡ طَيِّبٰتِ مَا رَزَقۡنٰكُمۡ ؕ وَ

وَ	رَزَقۡنٰكُمۡ	مَا	طَيِّبٰتِ	مِنۡ	كُلُوۡا	السَّلۡوٰى [2]	وَ
اور	ہم نے دیں تمہیں	جو	پاکیزہ چیزیں	سے	کھاؤ	سلویٰ	اور

اور سلویٰ اتارا (کہ) ہماری دی ہوئی پاکیزہ چیزیں کھاؤ اور

عنوان: بنی اسرائیل کا اعلانیہ دیدارِ الٰہی کا مطالبہ کرنا اور اس کا نتیجہ — بنی اسرائیل پر بادل کا سایہ اور من و سلویٰ کا نزول

1 ......اس واقعہ سے شانِ انبیاء عَلَیْہِمُ السَّلَام بھی ظاہر ہوئی کہ حضرت موسیٰ عَلَیْہِ السَّلَام سے "ہم آپ کا یقین نہیں کریں گے" کہنے کی شامت میں بنی اسرائیل ہلاک کئے گئے۔

2 ......"من" کے بارے میں صحیح قول یہ ہے کہ یہ ترنجبین کی طرح ایک میٹھی چیز تھی اور "سلویٰ" کے بارے میں صحیح قول یہ ہے کہ یہ ایک چھوٹا پرندہ تھا۔

مَا ظَلَمُوْنَا وَ لٰكِنْ كَانُوْۤا اَنْفُسَهُمْ يَظْلِمُوْنَ ﴿۵۷﴾

يَظْلِمُوْنَ ﴿۵۷﴾	اَنْفُسَهُمْ	كَانُوْۤا	لٰكِنْ	وَ	مَا ظَلَمُوْنَا
ظلم کرتے	اپنی جانوں (پر)	وہ تھے	لیکن	اور	انہوں نے ہم پر کوئی ظلم نہ کیا، ہمارا کچھ نہ بگاڑا

انہوں نے ہمارا کچھ نہ بگاڑا بلکہ اپنی جانوں پر ہی ظلم کرتے رہے ○

وَ اِذْ قُلْنَا ادْخُلُوْا هٰذِهِ الْقَرْيَةَ فَكُلُوْا مِنْهَا حَيْثُ

حَيْثُ	مِنْهَا	فَكُلُوْا	الْقَرْيَةَ	هٰذِهِ	ادْخُلُوْا	قُلْنَا	اِذْ	وَ
جہاں	اس سے	پھر کھاؤ	بستی، شہر (میں)	اس	داخل ہو جاؤ	ہم نے کہا	جب	اور

اور جب ہم نے انہیں کہا کہ اس شہر میں داخل ہو جاؤ پھر اس میں جہاں چاہو

شِئْتُمْ رَغَدًا وَّ ادْخُلُوا الْبَابَ سُجَّدًا وَّ

وَّ	سُجَّدًا	الْبَابَ	ادْخُلُوا	وَّ	رَغَدًا	شِئْتُمْ
اور	سجدہ کرنے والے، سجدہ کرتے	دروازہ (میں)	داخل ہو	اور	روک ٹوک کے بغیر	تم چاہو

بے روک ٹوک کھاؤ اور دروازے میں سجدہ کرتے داخل ہونا اور

قُوْلُوْا حِطَّةٌ نَّغْفِرْ لَكُمْ خَطٰيٰكُمْ ؕ وَ

وَ	خَطٰيٰكُمْ	لَكُمْ	نَّغْفِرْ	حِطَّةٌ	قُوْلُوْا
اور	تمہاری خطائیں	تمہیں	ہم بخش دیں گے	ہمارے گناہ معاف ہوں	کہو

کہتے رہنا، ہمارے گناہ معاف ہوں، ہم تمہاری خطائیں بخش دیں گے اور

سَنَزِيْدُ الْمُحْسِنِيْنَ ﴿۵۸﴾ فَبَدَّلَ الَّذِيْنَ

الَّذِيْنَ	فَبَدَّلَ (1)	الْمُحْسِنِيْنَ ﴿۵۸﴾	سَنَزِيْدُ
وہ لوگ جو (جنہوں نے)	تو بدل دی، تبدیل کر دی	احسان، نیکی کرنے والوں (کو)	عنقریب زیادہ دیں گے

عنقریب ہم نیکی کرنے والوں کو اور زیادہ عطا فرمائیں گے ○ پھر ان

عنوان بنی اسرائیل کو مصر یا کسی خاص شہر میں داخل ہونے کا حکم لیکن ان کا خلاف ورزی کرنا اور سزا پانا

(1)...... بنی اسرائیل کو حکم یہ تھا کہ دروازے میں سجدہ کرتے اور زبان سے "حِطَّةٌ" کہتے ہوئے داخل ہوں، انہوں نے دونوں حکموں کی مخالفت کی اور سجدہ کرتے ہوئے داخل ہونے کی بجائے سرینوں کے بل گھسٹتے ہوئے داخل ہوئے اور توبہ واستغفار کا کلمہ پڑھنے کی بجائے مذاق کے طور پر "حَبَّةٌ فِي شَعْرَةٍ" کہنے لگے جس کا معنیٰ تھا: بال میں دانہ۔

ظَلَمُوْا قَوْلًا غَيْرَ الَّذِیْ قِيْلَ لَهُمْ

ظَلَمُوْا	قَوْلًا	غَيْرَ	الَّذِیْ	قِيْلَ	لَهُمْ
ظلم کیا، زیادتی کی	بات	علاوہ، دوسری (بات سے)	جو	کہا گیا	ان سے

ظالموں نے جو اُن سے کہا گیا تھا اسے ایک دوسری بات سے بدل دیا

فَاَنْزَلْنَا عَلَى الَّذِيْنَ ظَلَمُوْا رِجْزًا مِّنَ السَّمَآءِ

فَاَنْزَلْنَا	عَلَى	الَّذِيْنَ	ظَلَمُوْا	رِجْزًا	مِّنَ	السَّمَآءِ
تو ہم نے نازل کر دیا، اتارا	پر	وہ لوگ جو (جنہوں نے)	ظلم کیا	عذاب	سے	آسمان

تو ہم نے آسمان سے ان ظالموں پر عذاب نازل کر دیا

بِمَا كَانُوْا يَفْسُقُوْنَ ﴿٥٩﴾ ع وَاِذِ اسْتَسْقٰى مُوْسٰى لِقَوْمِهٖ

بِمَا	كَانُوْا يَفْسُقُوْنَ ﴿٥٩﴾	وَ	اِذِ	اسْتَسْقٰى (1)	مُوْسٰى	لِقَوْمِهٖ
(اس) وجہ سے جو	وہ نافرمانی کرتے تھے	اور	جب	پانی طلب کیا	موسیٰ (نے)	اپنی قوم کے لئے

کیونکہ یہ نافرمانی کرتے رہتے تھے ○ اور یاد کرو، جب موسیٰ نے اپنی قوم کے لئے پانی طلب کیا

فَقُلْنَا اضْرِبْ بِّعَصَاكَ الْحَجَرَ ؕ فَانْفَجَرَتْ مِنْهُ اثْنَتَا عَشْرَةَ عَيْنًا ؕ

فَقُلْنَا	اضْرِبْ	بِّعَصَاكَ	الْحَجَرَ	فَانْفَجَرَتْ (2)	مِنْهُ	اثْنَتَا عَشْرَةَ	عَيْنًا
تو ہم نے کہا	مار	اپنا عصا	پتھر (پر)	تو بہہ نکلے	اس سے	بارہ	چشمے

تو ہم نے فرمایا کہ پتھر پر اپنا عصا مارو، تو فوراً اس میں سے بارہ چشمے بہہ نکلے

قَدْ عَلِمَ كُلُّ اُنَاسٍ مَّشْرَبَهُمْ ؕ كُلُوْا وَاشْرَبُوْا

قَدْ	عَلِمَ	كُلُّ	اُنَاسٍ	مَّشْرَبَهُمْ	كُلُوْا	وَ	اشْرَبُوْا
تحقیق، بیشک	جان، پہچان لیا	تمام، ہر	لوگوں، گروہ (نے)	اپنے پینے کی جگہ	کھاؤ	اور	پیو

(اور) ہر گروہ نے اپنے پانی پینے کی جگہ کو پہچان لیا (اور ہم نے فرمایا کہ) اللہ کا رزق

عنوان: میدانِ تیہ میں بنی اسرائیل کا پانی طلب کرنا اور موسیٰ عَلَیْہِ السَّلَام کے وسیلہ و معجزہ سے انہیں پانی عطا کیا جانا

(1)...... اس آیت میں لوگوں کا انبیاء کرام عَلَیْہِمُ السَّلَام کی بارگاہ میں استعانت کرنے اور انبیاء کرام عَلَیْہِمُ السَّلَام کے ان کی مشکل کشائی فرمانے کا ثبوت بھی ہے۔

(2)...... پتھر سے چشمہ جاری کرنا حضرت موسیٰ عَلَیْہِ السَّلَام کا عظیم معجزہ تھا جبکہ ہمارے آقا، حضور سید المرسلین صَلَّی اللہُ عَلَیْہِ وَسَلَّم نے اپنی مبارک انگلیوں سے پانی کے چشمے جاری فرمائے اور یہ اس سے بھی بڑھ کر معجزہ تھا۔

مِنْ رِّزْقِ اللّٰهِ وَ لَا تَعْثَوْا فِی الْاَرْضِ مُفْسِدِیْنَ ﴿۶۰﴾ وَ اِذْ قُلْتُمْ

مِنْ	رِّزْقِ اللّٰهِ	وَ	لَا تَعْثَوْا	فِی الْاَرْضِ	مُفْسِدِیْنَ ﴿۶۰﴾	وَ	اِذْ	قُلْتُمْ
سے	اللہ کے رزق	اور	نہ پھرو	زمین میں	فساد کرنے والے	اور	جب	تم نے کہا

کھاؤ اور پیو اور زمین میں فساد نہ پھیلاتے پھرو ○ اور جب تم نے کہا:

یٰمُوْسٰی لَنْ نَّصْبِرَ عَلٰی طَعَامٍ وَّاحِدٍ فَادْعُ لَنَا

یٰمُوْسٰی	لَنْ نَّصْبِرَ (1)	عَلٰی	طَعَامٍ وَّاحِدٍ	فَادْعُ	لَنَا
اے موسیٰ	ہم ہرگز صبر نہیں کریں گے	پر	ایک کھانے	پس آپ دعا کریں	ہمارے لئے

اے موسیٰ! ہم ایک کھانے پر ہرگز صبر نہیں کر سکتے۔ لہٰذا آپ اپنے رب سے

رَبَّكَ یُخْرِجْ لَنَا مِمَّا تُنْۢبِتُ الْاَرْضُ

رَبَّكَ	یُخْرِجْ	لَنَا	مِمَّا	تُنْۢبِتُ	الْاَرْضُ
اپنے رب (سے)	وہ ظاہر کردے	ہمارے لئے	(اس) سے جو	اگاتی ہے	زمین

دعا کیجئے کہ ہمارے لئے وہ چیزیں نکالے جو زمین اگاتی ہے

مِنْۢ بَقْلِهَا وَ قِثَّآىٕهَا وَ فُوْمِهَا وَ عَدَسِهَا وَ

مِنْۢ	بَقْلِهَا	وَ	قِثَّآىٕهَا	وَ	فُوْمِهَا	وَ	عَدَسِهَا	وَ
سے	اس (زمین) کے ساگ	اور	اس کی ککڑی	اور	اس کی گندم	اور	اس کے مسور	اور

جیسے ساگ اور ککڑی اور گندم اور مسور کی دال اور

بَصَلِهَا ؕ قَالَ اَتَسْتَبْدِلُوْنَ الَّذِیْ هُوَ اَدْنٰی

بَصَلِهَا	قَالَ	اَتَسْتَبْدِلُوْنَ	الَّذِیْ	هُوَ	اَدْنٰی
اس کے پیاز	فرمایا	کیا تم تبدیل کرنا چاہتے ہو	وہ جو	وہ	ادنیٰ، کم تر (ہے)

پیاز۔ فرمایا: کیا تم بہتر چیز کے بدلے میں

عنوان: بنی اسرائیل کا من و سلویٰ کی بجائے زمینی اجناس کا مطالبہ

(1) بنی اسرائیل نے ساگ ککڑی وغیرہ جو چیزیں مانگیں ان کا مطالبہ گناہ نہ تھا لیکن ''مَن و سلویٰ'' جیسی نعمت بے محنت چھوڑ کر ان کی طرف مائل ہونا پست خیالی ہے۔ جب بڑوں سے نسبت ہو تو دل و دماغ اور سوچ بھی بڑی بنانی چاہیے۔

بِالَّذِیۡ ہُوَ خَیۡرٌ ؕ اِہۡبِطُوۡا مِصۡرًا فَاِنَّ لَکُمۡ

بِالَّذِیۡ	ہُوَ	خَیۡرٌ	اِہۡبِطُوۡا	مِصۡرًا	فَاِنَّ	لَکُمۡ
(اس کے) بدلے جو	وہ	بہتر	داخل ہو جاؤ، قیام کرو	مصر یا کوئی شہر	پس بیشک	تمہارے لئے

گھٹیا چیزیں مانگتے ہو۔ (اچھا پھر) ملکِ مصر یا کسی شہر میں قیام کرو، وہاں تمہیں وہ سب کچھ ملے گا

مَّا سَاَلۡتُمۡ ؕ وَضُرِبَتۡ عَلَیۡہِمُ الذِّلَّۃُ وَالۡمَسۡکَنَۃُ ٭ وَ

مَّا	سَاَلۡتُمۡ	وَ	ضُرِبَتۡ	عَلَیۡہِمُ	الذِّلَّۃُ (1)	وَ	الۡمَسۡکَنَۃُ	وَ
جو	تم نے مانگا	اور	مسلط کر دی گئی	ان پر	ذلت، خواری	اور	مسکینی، غربت، محتاجی	اور

جو تم نے مانگا ہے اور ان پر ذلت اور غربت مسلط کر دی گئی اور

بَآءُوۡ بِغَضَبٍ مِّنَ اللّٰہِ ؕ ذٰلِکَ بِاَنَّہُمۡ کَانُوۡا یَکۡفُرُوۡنَ

بَآءُوۡ	بِغَضَبٍ	مِّنَ	اللّٰہِ	ذٰلِکَ	بِاَنَّہُمۡ	کَانُوۡا یَکۡفُرُوۡنَ
وہ لوٹے	غضب، قہر کے ساتھ	سے	اللہ	یہ	(اس) وجہ سے کہ وہ	انکار کرتے تھے

وہ خدا کے غضب کے مستحق ہو گئے۔ یہ ذلت و غربت اس وجہ سے تھی کہ وہ اللہ کی آیتوں کا انکار

بِاٰیٰتِ اللّٰہِ وَیَقۡتُلُوۡنَ النَّبِیّٖنَ بِغَیۡرِ الۡحَقِّ ؕ ذٰلِکَ بِمَا

بِاٰیٰتِ اللّٰہِ	وَ	یَقۡتُلُوۡنَ	النَّبِیّٖنَ	بِغَیۡرِ الۡحَقِّ	ذٰلِکَ	بِمَا
اللہ کی آیتوں کا	اور	قتل کرتے تھے	انبیاء (کو)	حق کے بغیر	یہ	(اس) وجہ سے جو

کرتے تھے اور انبیاء کو ناحق شہید کرتے تھے۔ (اور) یہ اس وجہ سے تھی کہ

عَصَوۡا وَّ کَانُوۡا یَعۡتَدُوۡنَ ﴿٦١﴾ ع اِنَّ الَّذِیۡنَ اٰمَنُوۡا

عَصَوۡا	وَّ	کَانُوۡا یَعۡتَدُوۡنَ ﴿٦١﴾	اِنَّ	الَّذِیۡنَ	اٰمَنُوۡا
انہوں نے نافرمانی کی	اور	حد سے بڑھتے تھے، سرکشی کرتے تھے	بیشک	وہ لوگ جو	ایمان لائے

انہوں نے نافرمانی کی اور وہ مسلسل سرکشی کر رہے تھے ○ بیشک ایمان والوں

عنوان: بنی اسرائیل پر ذلت کا مسلط کیا جانا اور اس کے اسباب — بارگاہِ الٰہی میں اجر و ثواب کا اصلی حقدار کون ہے؟

(1) ...... بنی اسرائیل بلند مراتب پر فائز ہونے کے بعد جن وجوہات کی بناء پر ذلت و غربت کی گہری کھائی میں گرے کاش ان وجوہات کو سامنے رکھتے ہوئے عبرت اور نصیحت کے لئے ایک مرتبہ مسلمان بھی اپنے اعمال و افعال کا جائزہ لے لیں اور اپنے ماضی و حال کا مشاہدہ کریں۔

وَالَّذِيْنَ هَادُوْا وَالنَّصٰرٰى وَالصّٰبِـِٕيْنَ مَنْ اٰمَنَ

وَ	الَّذِيْنَ	هَادُوْا	وَ	النَّصٰرٰى	وَ	الصّٰبِـِٕيْنَ	مَنْ	اٰمَنَ
اور	وہ لوگ جو	یہودی ہوئے	اور	عیسائی	اور	ستارہ پرست	جو	ایمان لائے

نیز یہودیوں اور عیسائیوں اور ستاروں کی پوجا کرنے والوں میں سے جو بھی

بِاللّٰهِ وَالْيَوْمِ الْاٰخِرِ وَعَمِلَ صَالِحًا فَلَهُمْ

بِاللّٰهِ	وَ	الْيَوْمِ	الْاٰخِرِ	وَ	عَمِلَ	صَالِحًا	فَلَهُمْ
اللہ پر	اور	دن، روز	آخرت	اور	عمل کرے	نیک، اچھے	تو ان کے لئے

سچے دل سے اللہ پر اور آخرت کے دن پر ایمان لے آئیں اور نیک کام کریں تو

اَجْرُهُمْ عِنْدَ رَبِّهِمْ ۚ وَلَا خَوْفٌ عَلَيْهِمْ وَلَا هُمْ

اَجْرُهُمْ	عِنْدَ رَبِّهِمْ	وَ	لَا	خَوْفٌ	عَلَيْهِمْ	وَ	لَا	هُمْ
ان کا اجر، ثواب	ان کے رب کے پاس	اور	نہیں	خوف	ان پر	اور	نہ	وہ

ان کا ثواب ان کے رب کے پاس ہے اور ان پر نہ کوئی خوف ہو گا اور نہ وہ

يَحْزَنُوْنَ ﴿٦٢﴾ وَاِذْ اَخَذْنَا مِيْثَاقَكُمْ وَرَفَعْنَا فَوْقَكُمُ

يَحْزَنُوْنَ ﴿٦٢﴾	وَ	اِذْ	اَخَذْنَا	مِيْثَاقَكُمْ	وَ	رَفَعْنَا	فَوْقَكُمُ
غمگین ہوں گے	اور	جب	ہم نے لیا	تمہارا عہد	اور	ہم نے بلند کیا	تمہارے اوپر

غمگین ہوں گے ○ اور یاد کرو جب ہم نے تم سے عہد لیا اور تمہارے سروں پر طور پہاڑ کو معلّق کر دیا

الطُّوْرَ ؕ خُذُوْا مَاۤ اٰتَيْنٰكُمْ بِقُوَّةٍ وَّاذْكُرُوْا مَا

الطُّوْرَ	خُذُوْا	مَاۤ	اٰتَيْنٰكُمْ	بِقُوَّةٍ (1)	وَّ	اذْكُرُوْا	مَا
طور (پہاڑ)	پکڑلو، تھام لو	جو	ہم نے دیا تمہیں	مضبوطی سے	اور	یاد کرو	جو

(اور کہا کہ) مضبوطی سے تھامو اس (کتاب) کو جو ہم نے تمہیں عطا کی ہے اور جو کچھ

عنوان: تورات کے احکام قبول نہ کرنے کی وجہ سے بنی اسرائیل پر سختی اور ان کا طرزِ عمل

(1)...... اس میں صورۃً عہد پورا کرنے پر مجبور کرنا پایا جارہا ہے، اس حوالے سے یاد رہے کہ دین قبول کرنے پر جبر نہیں کیا جاسکتا البتہ دین قبول کرنے کے بعد اس کے احکام پر عمل کرنے پر مجبور کیا جائے گا۔ اس کی مثال یوں سمجھیں کہ کسی کو اپنے ملک میں آنے پر حکومت مجبور نہیں کرتی لیکن جب کوئی ملک میں آجائے تو حکومت اسے قانون پر عمل کرنے پر ضرور مجبور کرے گی۔

فِيۡهِ لَعَلَّكُمۡ تَتَّقُوۡنَ ﴿۶۳﴾ ثُمَّ تَوَلَّيۡتُمۡ مِّنۡۢ

مِّنۡ	تَوَلَّيۡتُمۡ	ثُمَّ	تَتَّقُوۡنَ ﴿۶۳﴾	لَعَلَّكُمۡ	فِيۡهِ
سے	تم نے منہ پھیر لیا، روگردانی کی	پھر	پرہیزگار بن جاؤ	تاکہ تم	اس میں (ہے)

اس میں بیان کیا گیا ہے اسے یاد کرو اس امید پر کہ تم پرہیزگار بن جاؤ○ اس کے بعد پھر تم نے روگردانی

بَعۡدِ ذٰلِكَ ۚ فَلَوۡلَا فَضۡلُ اللّٰهِ عَلَيۡكُمۡ وَرَحۡمَتُهٗ لَكُنۡتُمۡ

لَكُنۡتُمۡ	رَحۡمَتُهٗ	وَ	عَلَيۡكُمۡ	فَضۡلُ اللّٰهِ	فَلَوۡلَا	بَعۡدِ ذٰلِكَ
ضرور تم ہو جاتے	اس کی رحمت	اور	تم پر	اللہ کا فضل	تو اگر نہ (ہوتا)	اس کے بعد

اختیار کی تو اگر تم پر اللہ کا فضل اور اس کی رحمت نہ ہوتی تو تم

مِّنَ الۡخٰسِرِيۡنَ ﴿۶۴﴾ وَلَقَدۡ عَلِمۡتُمُ الَّذِيۡنَ اعۡتَدَوۡا

اعۡتَدَوۡا	الَّذِيۡنَ	عَلِمۡتُمُ	لَقَدۡ	وَ	الۡخٰسِرِيۡنَ ﴿۶۴﴾	مِّنَ
سرکشی کی	وہ جنہوں (نے)	تمہیں معلوم ہیں	یقیناً	اور	خسارہ، نقصان اٹھانے والوں	سے

نقصان اٹھانے والوں میں سے ہو جاتے○ اور یقیناً تمہیں معلوم ہیں وہ لوگ جنہوں نے

مِنۡكُمۡ فِى السَّبۡتِ فَقُلۡنَا لَهُمۡ كُوۡنُوۡا قِرَدَةً خٰسِـِٕيۡنَ ﴿۶۵﴾ ۚ

خٰسِـِٕيۡنَ ﴿۶۵﴾	قِرَدَةً	كُوۡنُوۡا	لَهُمۡ	فَقُلۡنَا	فِى السَّبۡتِ	مِنۡكُمۡ
دھتکارے ہوئے	بندر	ہو جاؤ، بن جاؤ	ان سے	تو ہم نے کہا	ہفتے کے دن میں	تم میں سے

تم میں سے ہفتہ کے دن میں سرکشی کی۔ تو ہم نے ان سے کہا کہ دھتکارے ہوئے بندر بن جاؤ○

فَجَعَلۡنٰهَا نَكَالًا لِّمَا بَيۡنَ يَدَيۡهَا وَمَا خَلۡفَهَا

خَلۡفَهَا	مَا	وَ	بَيۡنَ يَدَيۡهَا	لِّمَا	نَكَالًا (1)	فَجَعَلۡنٰهَا
اس کے پیچھے	جو	اور	اس کے آگے	(اس) کے لئے جو	عبرت	تو ہم نے بنا دیا اس (واقعے) کو

تو ہم نے یہ واقعہ اس وقت کے لوگوں اور ان کے بعد والوں کے لیے عبرت

عنوان: بنی اسرائیل کا ممانعت کے باوجود حیلے سے ہفتے کے دن مچھلیاں پکڑنا اور اس پر انہیں نشانِ عبرت بنا دیا جانا

(1)...... اس سے معلوم ہوا کہ قرآن پاک میں عذاب کے واقعات ہماری عبرت و نصیحت کے لئے بیان کئے گئے ہیں لہٰذا قرآن پاک کے حقوق میں سے ہے کہ اس طرح کے واقعات و آیات پڑھ کر اپنی اصلاح کی طرف بھی توجہ کی جائے۔

وَمَوْعِظَةً لِّلْمُتَّقِيْنَ ﴿۶۶﴾ وَاِذْ قَالَ مُوْسٰى لِقَوْمِهٖۤ اِنَّ

وَ	مَوْعِظَةً	لِّلْمُتَّقِيْنَ ﴿۶۶﴾	وَ	اِذْ	قَالَ	مُوْسٰى	لِقَوْمِهٖۤ	اِنَّ
اور	نصیحت	پرہیزگاروں کے لئے	اور	جب	کہا	موسیٰ (نے)	اپنی قوم سے	بیشک

اور پرہیزگاروں کے لئے نصیحت بنادیا○ اور یاد کرو جب موسیٰ نے اپنی قوم سے فرمایا: بیشک

اللّٰهَ يَاْمُرُكُمْ اَنْ تَذْبَحُوْا بَقَرَةً ؕ قَالُوْۤا اَتَتَّخِذُنَا

اللّٰهَ	يَاْمُرُكُمْ	اَنْ تَذْبَحُوْا	بَقَرَةً	قَالُوْۤا	اَتَتَّخِذُنَا
اللہ	حکم دیتا ہے تمہیں	کہ ذبح کرو	گائے	انہوں نے کہا	کیا آپ ہمیں بناتے ہیں

اللہ تمہیں حکم دیتا ہے کہ ایک گائے ذبح کرو تو انہوں نے کہا کہ کیا آپ ہمارے ساتھ

هُزُوًا ؕ قَالَ اَعُوْذُ بِاللّٰهِ اَنْ اَكُوْنَ مِنَ الْجٰهِلِيْنَ ﴿۶۷﴾ قَالُوا

هُزُوًا	قَالَ	اَعُوْذُ	بِاللّٰهِ	اَنْ اَكُوْنَ	مِنَ الْجٰهِلِيْنَ ﴿۶۷﴾ (1)	قَالُوا
مذاق	فرمایا	میں پناہ مانگتا ہوں	اللہ کی	کہ ہو جاؤں	جاہلوں سے	انہوں نے کہا

مذاق کرتے ہیں؟ موسیٰ نے فرمایا، ”میں اللہ کی پناہ مانگتا ہوں کہ میں جاہلوں میں سے ہو جاؤں○ انہوں نے کہا

ادْعُ لَنَا رَبَّكَ يُبَيِّنْ لَّنَا مَا هِيَ ؕ

ادْعُ	لَنَا	رَبَّكَ	يُبَيِّنْ	لَّنَا	مَا	هِيَ
دعا کریں	ہمارے لئے	اپنے رب (سے)	وہ بیان کردے	ہمارے لئے	کیا، کیسی (ہے)	وہ (گائے)

کہ آپ اپنے رب سے دعا کیجئے کہ وہ ہمیں بتادے کہ وہ گائے کیسی ہے؟

قَالَ اِنَّهٗ يَقُوْلُ اِنَّهَا بَقَرَةٌ لَّا فَارِضٌ وَّلَا بِكْرٌ ؕ

قَالَ	اِنَّهٗ	يَقُوْلُ	اِنَّهَا	بَقَرَةٌ	لَّا	فَارِضٌ	وَّ	لَا	بِكْرٌ
فرمایا	بیشک وہ	فرماتا ہے	کہ وہ	گائے	نہ	بوڑھی	اور	نہ	کم عمر

فرمایا: اللہ فرماتا ہے کہ وہ ایک ایسی گائے ہے جو نہ تو بوڑھی ہے اور نہ بالکل کم عمر

عنوان: ایک مقتول کے معاملے میں بنی اسرائیل کو گائے ذبح کرنے کا حکم اور ان کی بے جا بحث

(1) ...... پیغمبر جھوٹ، دل لگی اور کسی کا مذاق اڑانا وغیرہ عیبوں سے پاک ہیں البتہ خوش طبعی ایک محمود صفت ہے یہ ان میں پائی جاسکتی ہے۔

عَوَانٌۢ بَیۡنَ ذٰلِكَ ؕ فَافۡعَلُوۡا مَا تُؤۡمَرُوۡنَ ﴿۶۸﴾ قَالُوا ادۡعُ

عَوَانٌۢ	بَیۡنَ ذٰلِكَ	فَافۡعَلُوۡا	مَا	تُؤۡمَرُوۡنَ ﴿۶۸﴾ (1)	قَالُوا	ادۡعُ
درمیانی عمر	ان کے درمیان	تو تم کرو	جو	تمہیں حکم دیا جا رہا ہے	انہوں نے کہا	دعا کریں

بلکہ ان دونوں کے درمیان درمیان ہو۔ تو وہ کرو جس کا تمہیں حکم دیا جارہا ہے ○ انہوں نے کہا: آپ

لَنَا رَبَّكَ یُبَیِّنۡ لَّنَا مَا لَوۡنُهَا ؕ قَالَ

لَنَا	رَبَّكَ	یُبَیِّنۡ	لَّنَا	مَا	لَوۡنُهَا	قَالَ
ہمارے لئے	اپنے رب (سے)	وہ بیان کردے	ہمارے لئے	کیا (ہے)	اس کا رنگ	فرمایا

اپنے رب سے دعا کیجئے کہ وہ ہمیں بتادے، اس گائے کا رنگ کیا ہے؟ فرمایا

اِنَّهٗ یَقُوۡلُ اِنَّهَا بَقَرَةٌ صَفۡرَآءُ ۙ فَاقِعٌ لَّوۡنُهَا تَسُرُّ

اِنَّهٗ	یَقُوۡلُ	اِنَّهَا	بَقَرَةٌ	صَفۡرَآءُ	فَاقِعٌ	لَّوۡنُهَا	تَسُرُّ
کہ وہ	فرماتا ہے	کہ وہ	گائے	پیلی	شوخ، گہرا	اس کا رنگ	خوشی، سرور دیتی ہے

کہ اللہ فرماتا ہے کہ وہ پیلے رنگ کی گائے ہے جس کا رنگ بہت گہرا ہے۔ وہ گائے دیکھنے والوں کو

النّٰظِرِیۡنَ ﴿۶۹﴾ قَالُوا ادۡعُ لَنَا رَبَّكَ یُبَیِّنۡ

النّٰظِرِیۡنَ ﴿۶۹﴾	قَالُوا	ادۡعُ	لَنَا	رَبَّكَ	یُبَیِّنۡ
دیکھنے والوں (کو)	انہوں نے کہا	دعا کریں	ہمارے لئے	اپنے رب (سے)	وہ بیان کردے

خوشی دیتی ہے ○ انہوں نے کہا: آپ اپنے رب سے دعا کیجئے کہ ہمارے لئے واضح طور پر بیان کردے

لَّنَا مَا هِیَ ۙ اِنَّ الۡبَقَرَ تَشٰبَهَ عَلَیۡنَا ؕ وَ

لَّنَا	مَا	هِیَ	اِنَّ	الۡبَقَرَ	تَشٰبَهَ	عَلَیۡنَا	وَ
ہمارے لئے	کیا، کیسی (ہے)	وہ (گائے)	بیشک	گائے	مشتبہ ہوگئی، واضح نہ رہی	ہم پر	اور

کہ وہ گائے کیسی ہے؟ کیونکہ بیشک گائے ہم پر مشتبہ ہوگئی ہے اور

(1)...... نبی کے فرمان پر بغیر ہچکچاہٹ عمل کرنا چاہیے اور عمل کرنے کی بجائے عقلی ڈھکوسلے بنانا بے ادبوں کا کام ہے۔

اِنَّاۤ اِنْ شَآءَ اللّٰهُ لَمُهْتَدُوْنَ ﴿۷۰﴾ قَالَ اِنَّهٗ يَقُوْلُ اِنَّهَا

اِنَّاۤ	اِنْ شَآءَ اللّٰهُ	لَمُهْتَدُوْنَ ﴿۷۰﴾	قَالَ	اِنَّهٗ	يَقُوْلُ	اِنَّهَا
بیشک ہم	اگر اللہ چاہے	ضرور ہدایت پانے والے (ہوں گے)	کہا	بیشک وہ	فرماتا ہے	کہ وہ

اگر اللہ چاہے گا تو یقیناً ہم راہ پالیں گے ○ (موسیٰ نے) فرمایا: اللہ فرماتا ہے کہ وہ

بَقَرَةٌ لَّا ذَلُوْلٌ تُثِيْرُ الْاَرْضَ وَلَا تَسْقِي الْحَرْثَ ۚ

بَقَرَةٌ	لَّا	ذَلُوْلٌ	تُثِيْرُ	الْاَرْضَ	وَ	لَا تَسْقِي	الْحَرْثَ
گائے	نہ	ہل میں جوتی گئی (کہ)	پھاڑے (ہل چلائے)	زمین	اور	نہ پانی دیتی ہے	کھیتی (کو)

ایک ایسی گائے ہے جس سے یہ خدمت نہیں لی جاتی کہ وہ زمین میں ہل چلائے اور نہ وہ کھیتی کو پانی دیتی ہے۔

مُسَلَّمَةٌ لَّا شِيَةَ فِيْهَا ؕ قَالُوا الْـٰٔنَ جِئْتَ بِالْحَقِّ ؕ

مُسَلَّمَةٌ	لَّا	شِيَةَ	فِيْهَا [1]	قَالُوْا	الْـٰٔنَ	جِئْتَ	بِالْحَقِّ
سلامت، بے عیب	نہیں	داغ	اس میں	انہوں نے کہا	اب	آپ آئے	حق کے ساتھ

بالکل بے عیب ہے، اس میں کوئی داغ نہیں۔ (یہ سن کر) انہوں نے کہا: اب آپ بالکل صحیح بات لائے ہیں۔

فَذَبَحُوْهَا وَمَا كَادُوْا يَفْعَلُوْنَ ﴿۷۱﴾ ع وَاِذْ قَتَلْتُمْ

فَذَبَحُوْهَا	وَ	مَا كَادُوْا يَفْعَلُوْنَ ﴿۷۱﴾	وَ	اِذْ	قَتَلْتُمْ
تو انہوں نے ذبح کیا اسے	اور	وہ لگتے نہ تھے کہ (ذبح) کرتے	اور	جب	تم نے قتل کی

پھر انہوں نے اس گائے کو ذبح کیا حالانکہ وہ ذبح کرتے معلوم نہ ہوتے تھے ○ اور یاد کرو جب تم نے ایک شخص کو

نَفْسًا فَادّٰرَءْتُمْ فِيْهَا ؕ وَاللّٰهُ

نَفْسًا	فَادّٰرَءْتُمْ	فِيْهَا	وَ	اللّٰهُ
ایک جان، شخص	پھر تم باہم جھگڑنے لگے، ایک دوسرے پر الزام لگانے لگے	اس میں	اور (حالانکہ)	اللہ

قتل کر دیا پھر اس کا الزام کسی دوسرے پر ڈالنے لگے حالانکہ اللہ

1 ...... اس سے معلوم ہوا کہ شرعی احکامات سے متعلق بے جا بحث مشقت کا سبب ہے۔

مُخۡرِجٌ مَّا كُنۡتُمۡ تَكۡتُمُوۡنَ ۚ﴿۷۲﴾ فَقُلۡنَا اضۡرِبُوۡهُ

مُخۡرِجٌ	مَّا	كُنۡتُمۡ تَكۡتُمُوۡنَ ﴿۷۲﴾	فَقُلۡنَا	اضۡرِبُوۡهُ
ظاہر کرنے والا (ہے)	جو	تم چھپا رہے تھے	تو ہم نے کہا	مارو اسے

ظاہر کرنے والا تھا اس کو جسے تم چھپا رہے تھے ○ تو ہم نے فرمایا (کہ) اس مقتول کو

بِبَعۡضِهَا ؕ كَذٰلِكَ يُحۡیِ اللّٰهُ الۡمَوۡتٰی ۙ وَ

بِبَعۡضِهَا	كَذٰلِكَ	يُحۡیِ	اللّٰهُ	الۡمَوۡتٰی	وَ
اس (گائے) کے ایک ٹکڑے کے ساتھ	اسی طرح	زندہ کرے گا	اللہ	مردے	اور

اس گائے کا ایک ٹکڑا مارو۔ اسی طرح اللہ مردوں کو زندہ کرے گا۔ اور

يُرِيۡكُمۡ اٰيٰتِهٖ لَعَلَّكُمۡ تَعۡقِلُوۡنَ ﴿۷۳﴾ ثُمَّ قَسَتۡ قُلُوۡبُكُمۡ

يُرِيۡكُمۡ	اٰيٰتِهٖ	لَعَلَّكُمۡ	تَعۡقِلُوۡنَ ﴿۷۳﴾	ثُمَّ	قَسَتۡ	قُلُوۡبُكُمۡ (1)
دکھاتا ہے تمہیں	اپنی نشانیاں	تاکہ تم	سمجھ جاؤ	پھر	سخت ہوگئے	تمہارے دل

وہ تمہیں اپنی نشانیاں دکھاتا ہے تاکہ تم سمجھ جاؤ ○ پھر اس کے بعد تمہارے دل سخت ہوگئے

مِّنۡۢ بَعۡدِ ذٰلِكَ فَهِیَ كَالۡحِجَارَةِ اَوۡ اَشَدُّ قَسۡوَةً ؕ وَاِنَّ

مِّنۡۢ	بَعۡدِ ذٰلِكَ	فَهِیَ	كَالۡحِجَارَةِ	اَوۡ	اَشَدُّ قَسۡوَةً	وَ	اِنَّ
سے	اس کے بعد	تو وہ	پتھروں کی طرح	یا	(ان سے) زیادہ سخت	اور	بیشک

تو وہ پتھروں کی طرح ہیں بلکہ ان سے بھی زیادہ سخت ہیں اور

مِنَ الۡحِجَارَةِ لَمَا يَتَفَجَّرُ مِنۡهُ الۡاَنۡهٰرُ ؕ وَاِنَّ مِنۡهَا

مِنَ الۡحِجَارَةِ	لَمَا	يَتَفَجَّرُ	مِنۡهُ	الۡاَنۡهٰرُ	وَ	اِنَّ	مِنۡهَا
پتھروں سے	ضرور (وہ ہے) جو	بہتی ہیں	اس سے	نہریں، ندیاں	اور	بیشک	ان سے (کچھ)

پتھروں میں تو کچھ وہ ہیں جن سے ندیاں بہہ نکلتی ہیں اور کچھ وہ ہیں کہ

عنوان: مردوں کو زندہ کرنے پر قدرتِ الٰہی کی ایک دلیل — یہودیوں کی سخت دلی کا حال

(1)...... اس سے معلوم ہوا کہ دل کی سختی بہت خطرناک ہے۔

لَمَا يَشَّقَّقُ فَيَخْرُجُ مِنْهُ الْمَآءُ ؕ وَ اِنَّ مِنْهَا لَمَا

لَمَا	يَشَّقَّقُ	فَيَخْرُجُ	مِنْهُ	الْمَآءُ	وَ	اِنَّ	مِنْهَا	لَمَا
ضرور (وہ ہے) جو	پھٹ جاتا ہے	تو نکلتا ہے	اس سے	پانی	اور	بیشک	ان سے	ضرور جو

جب پھٹ جاتے ہیں تو ان سے پانی نکلتا ہے اور کچھ وہ ہیں جو

يَهْبِطُ مِنْ خَشْيَةِ اللّٰهِ ؕ وَ مَا اللّٰهُ بِغَافِلٍ عَمَّا

يَهْبِطُ	مِنْ	خَشْيَةِ اللّٰهِ	وَ	مَا	اللّٰهُ	بِغَافِلٍ	عَمَّا
گر پڑتے ہیں	سے	اللہ کے ڈر، خوف	اور	نہیں	اللہ	غافل	(اس) سے جو

اللہ کے ڈر سے گر پڑتے ہیں اور اللہ تمہارے اعمال سے ہر گز

تَعْمَلُوْنَ ﴿۷۴﴾ اَفَتَطْمَعُوْنَ اَنْ يُّؤْمِنُوْا لَكُمْ وَ

تَعْمَلُوْنَ ﴿۷۴﴾	اَفَتَطْمَعُوْنَ	اَنْ يُّؤْمِنُوْا	لَكُمْ	وَ
تم کرتے ہو	کیا تو تم امید رکھتے ہو، طمع کرتے ہو	کہ وہ ایمان لے آئیں	تمہاری وجہ سے	اور (حالانکہ)

بے خبر نہیں ○ تو اے مسلمانو! کیا تم یہ امید رکھتے ہو کہ یہ تمہاری وجہ سے ایمان لے آئیں گے حالانکہ

قَدْ كَانَ فَرِيْقٌ مِّنْهُمْ يَسْمَعُوْنَ كَلٰمَ اللّٰهِ

قَدْ	كَانَ	فَرِيْقٌ	مِّنْهُمْ	يَسْمَعُوْنَ	كَلٰمَ اللّٰهِ
تحقیق، بیشک	تھا	ایک گروہ	ان میں سے	وہ سنتے	اللہ کا کلام

ان میں ایک گروہ وہ تھا کہ وہ اللہ کا کلام سنتے تھے اور

ثُمَّ يُحَرِّفُوْنَهٗ مِنْ بَعْدِ مَا عَقَلُوْهُ وَ هُمْ

ثُمَّ	يُحَرِّفُوْنَهٗ	مِنْ	بَعْدِ	مَا	عَقَلُوْهُ (1)	وَ	هُمْ
پھر	بدل دیتے اسے	سے	بعد	جو	سمجھ لیتے اسے	اور	وہ

پھر اسے سمجھ لینے کے بعد جان بوجھ کر بدل

عنوان: یہودیوں کا حق چھپانے کا انداز

(1) ...... اس سے معلوم ہوا کہ عالم کا بگڑنا عوام کے بگڑنے سے زیادہ تباہ کن ہے کیونکہ عوام علماء کو اپنا ہادی اور رہنما سمجھتے ہیں، وہ علماء کے اقوال پر عمل کرتے اور ان کے افعال کو دلیل بناتے ہیں اور جب علماء ہی کے عقائد و اعمال میں بگاڑ پیدا ہو جائے تو عوام راہِ ہدایت پر کس طرح چل سکتی ہے۔

یَعۡلَمُوۡنَ ﴿۷۵﴾ وَ اِذَا لَقُوا الَّذِیۡنَ اٰمَنُوۡا قَالُوۡۤا اٰمَنَّا ۚۖ							
یَعۡلَمُوۡنَ ﴿۷۵﴾	وَ	اِذَا	لَقُوا	الَّذِیۡنَ	اٰمَنُوۡا	قَالُوۡۤا	اٰمَنَّا
جانتے ہیں	اور	جب	ملتے ہیں	ان لوگوں سے جو	ایمان لائے	کہتے ہیں	ہم ایمان لے آئے

دیتے تھے ○ اور جب یہ مسلمانوں سے ملتے ہیں تو کہتے ہیں کہ ہم ایمان لاچکے ہیں

وَ اِذَا خَلَا بَعۡضُہُمۡ اِلٰی بَعۡضٍ قَالُوۡۤا					
وَ	اِذَا	خَلَا	بَعۡضُہُمۡ	اِلٰی بَعۡضٍ	قَالُوۡۤا
اور	جب	اکیلے ہوتے ہیں، خلوت میں ہوتے ہیں	ان کے بعض	بعض کی طرف	کہتے ہیں

اور جب آپس میں اکیلے ہوتے ہیں تو کہتے ہیں:

اَتُحَدِّثُوۡنَہُمۡ بِمَا فَتَحَ اللّٰہُ عَلَیۡکُمۡ				
اَتُحَدِّثُوۡنَہُمۡ	بِمَا	فَتَحَ	اللّٰہُ	عَلَیۡکُمۡ
کیا تم بیان کرتے ہوانہیں، خبر دیتے ہوانہیں	(اس کے) ساتھ جو	کھولا	اللہ (نے)	تمہارے اوپر

کیاان کے سامنے وہ علم بیان کرتے ہو جو اللہ نے تمہارے اوپر کھولا ہے؟

لِیُحَآجُّوۡکُمۡ بِہٖ عِنۡدَ رَبِّکُمۡ ؕ اَفَلَا تَعۡقِلُوۡنَ ﴿۷۶﴾			
لِیُحَآجُّوۡکُمۡ	بِہٖ	عِنۡدَ رَبِّکُمۡ	اَفَلَا تَعۡقِلُوۡنَ ﴿۷۶﴾ [1]
تاکہ وہ حجت قائم کریں تم پر	اس کے ذریعے	تمہارے رب کے پاس	تو کیا تمہیں عقل نہیں

تاکہ اس کے ذریعے یہ تمہارے رب کی بارگاہ میں تمہارے اوپر حجت قائم کریں۔ کیا تمہیں عقل نہیں؟ ○

اَوَ لَا یَعۡلَمُوۡنَ اَنَّ اللّٰہَ یَعۡلَمُ مَا یُسِرُّوۡنَ وَ مَا یُعۡلِنُوۡنَ ﴿۷۷﴾								
اَوَ	لَا یَعۡلَمُوۡنَ	اَنَّ	اللّٰہَ	یَعۡلَمُ	مَا	یُسِرُّوۡنَ	وَ	مَا	یُعۡلِنُوۡنَ ﴿۷۷﴾
کیا اور	وہ نہیں جانتے	کہ	اللہ	جانتا ہے	جو	وہ چھپاتے ہیں	اور	جو	وہ ظاہر کرتے ہیں

کیا یہ اتنی بات نہیں جانتے کہ اللہ جانتا ہے جو کچھ وہ چھپاتے ہیں اور جو کچھ ظاہر کرتے ہیں ○

عنوان: یہودیوں کی منافقت — یہودیوں کو تنبیہ کہ اللہ تعالیٰ ظاہر و باطن سب جانتا ہے

1 ...... اس سے معلوم ہوا کہ حق پوشی اور سرکار دوعالم صَلَّی اللّٰہُ عَلَیْہِ وَسَلَّم کے اوصاف کو چھپانا اور ان کے کمالات کا انکار کرنا یہودیوں کا طریقہ ہے۔

وَمِنۡهُمۡ اُمِّيُّوۡنَ لَا يَعۡلَمُوۡنَ الۡكِتٰبَ اِلَّاۤ اَمَانِىَّ وَ

وَ	اَمَانِىَّ	اِلَّاۤ	الۡكِتٰبَ	لَا يَعۡلَمُوۡنَ	اُمِّيُّوۡنَ	مِنۡهُمۡ	وَ
اور	من گھڑت تمنائیں	مگر	کتاب	نہیں جانتے	ان پڑھ (ہیں)	ان میں سے	اور

اور ان میں کچھ ان پڑھ ہیں جو کتاب کو نہیں جانتے مگر زبانی پڑھ لینا یا کچھ اپنی من گھڑت اور

اِنۡ هُمۡ اِلَّا يَظُنُّوۡنَ ﴿۷۸﴾ فَوَيۡلٌ لِّلَّذِيۡنَ يَكۡتُبُوۡنَ الۡكِتٰبَ

الۡكِتٰبَ	يَكۡتُبُوۡنَ	لِّلَّذِيۡنَ	فَوَيۡلٌ	يَظُنُّوۡنَ ﴿۷۸﴾	اِلَّا	هُمۡ	اِنۡ
کتاب	لکھتے ہیں	ان لوگوں کے لئے جو	تو ہلاکت، بربادی	گمان کرتے	مگر	وہ	نہیں

یہ صرف خیال و گمان میں پڑے ہوئے ہیں ○ تو بربادی ہے ان لوگوں کے لئے جو اپنے ہاتھوں سے کتاب

بِاَيۡدِيۡهِمۡ ثُمَّ يَقُوۡلُوۡنَ هٰذَا مِنۡ عِنۡدِ اللّٰهِ لِيَشۡتَرُوۡا

لِيَشۡتَرُوۡا	مِنۡ عِنۡدِ اللّٰهِ	هٰذَا	يَقُوۡلُوۡنَ	ثُمَّ	بِاَيۡدِيۡهِمۡ
تاکہ خریدیں، حاصل کریں	اللہ کے پاس سے (ہے)	یہ	کہتے ہیں	پھر	اپنے ہاتھوں سے

لکھتے ہیں پھر کہتے ہیں: یہ خدا کی طرف سے ہے کہ اس کے بدلے میں

بِهٖ ثَمَنًا قَلِيۡلًا ؕ فَوَيۡلٌ لَّهُمۡ مِّمَّا كَتَبَتۡ

كَتَبَتۡ	مِّمَّا	لَّهُمۡ	فَوَيۡلٌ	قَلِيۡلًا	ثَمَنًا	بِهٖ
لکھا	(اس) سے جو	ان کے لئے	تو ہلاکت	تھوڑی	قیمت	اس کے بدلے

تھوڑی سی قیمت حاصل کرلیں تو ان لوگوں کے لئے ان کے ہاتھوں کے لکھے ہوئے کی وجہ سے

اَيۡدِيۡهِمۡ وَوَيۡلٌ لَّهُمۡ مِّمَّا يَكۡسِبُوۡنَ ﴿۷۹﴾ وَ

وَ	يَكۡسِبُوۡنَ ﴿۷۹﴾	مِّمَّا	لَّهُمۡ	وَيۡلٌ	وَ	اَيۡدِيۡهِمۡ
اور	وہ کماتے ہیں	(اس کی وجہ) سے جو	ان کے لئے	ہلاکت، بربادی	اور	ان کے ہاتھوں (نے)

ہلاکت ہے اور ان کے لئے ان کی کمائی کی وجہ سے تباہی و بربادی ہے ○ اور

عنوان: یہودیوں کے ایک ان پڑھ گروہ کا حال — یہودی علماء کی تحریفات اور ان پر وعید — عذابِ جہنم سے متعلق یہودیوں کا من گھڑت نظریہ

قَالُوۡا لَنۡ تَمَسَّنَا النَّارُ اِلَّاۤ اَيَّامًا مَّعۡدُوۡدَةً ؕ قُلۡ

قَالُوۡا	لَنۡ تَمَسَّنَا	النَّارُ	اِلَّاۤ	اَيَّامًا	مَّعۡدُوۡدَةً	قُلۡ
انہوں نے کہا	ہمیں ہر گز نہ چھوئے گی	آگ	مگر	دن	گنے ہوئے	تم کہو

بولے: ہمیں تو آگ ہر گز نہ چھوئے گی مگر گنتی کے چند دن۔ اے حبیب! تم فرمادو:

اَتَّخَذۡتُمۡ عِنۡدَ اللّٰهِ عَهۡدًا فَلَنۡ يُّخۡلِفَ اللّٰهُ عَهۡدَهٗۤ

اَتَّخَذۡتُمۡ	عِنۡدَ اللّٰهِ	عَهۡدًا	فَلَنۡ يُّخۡلِفَ	اللّٰهُ	عَهۡدَهٗۤ
کیا تم نے لیا ہوا ہے	اللہ سے	کوئی عہد، وعدہ	تو ہر گز خلاف نہ کرے گا	اللہ	اپنا عہد، وعدہ

کیا تم نے خدا سے کوئی وعدہ لیا ہوا ہے؟ (اگر ایسا ہے، پھر) تو اللہ ہر گز وعدہ خلافی نہیں کرے گا

اَمۡ تَقُوۡلُوۡنَ عَلَى اللّٰهِ مَا لَا تَعۡلَمُوۡنَ ﴿۸۰﴾ بَلٰى مَنۡ كَسَبَ

اَمۡ	تَقُوۡلُوۡنَ	عَلَى اللّٰهِ	مَا	لَا تَعۡلَمُوۡنَ ﴿۸۰﴾	بَلٰى	مَنۡ	كَسَبَ
یا، بلکہ	تم کہتے ہو	اللہ پر	وہ جو	تم نہیں جانتے	کیوں نہیں	جس نے	کمائی

بلکہ تم اللہ پر وہ بات کہہ رہے ہو جس کا تمہیں علم نہیں ○ کیوں نہیں، جس نے گناہ کمایا

سَيِّئَةً وَّاَحَاطَتۡ بِهٖ خَطِيۡٓــئَتُهٗ فَاُولٰٓـئِكَ اَصۡحٰبُ النَّارِ ۚ هُمۡ فِيۡهَا

سَيِّئَةً [1]	وَّ	اَحَاطَتۡ [2]	بِهٖ	خَطِيۡٓــئَتُهٗ	فَاُولٰٓـئِكَ	اَصۡحٰبُ النَّارِ	هُمۡ	فِيۡهَا
برائی، گناہ	اور	گھیر لیں	اسے	اس کی خطائیں	تو یہ لوگ	آگ والے	وہ	اس میں

اور اس کی خطا نے اس کا گھیراؤ کر لیا تو وہی لوگ جہنمی ہیں، وہ

خٰلِدُوۡنَ ﴿۸۱﴾ وَالَّذِيۡنَ اٰمَنُوۡا وَعَمِلُوا الصّٰلِحٰتِ اُولٰٓـئِكَ

خٰلِدُوۡنَ ﴿۸۱﴾	وَ	الَّذِيۡنَ	اٰمَنُوۡا	وَ	عَمِلُوا	الصّٰلِحٰتِ	اُولٰٓـئِكَ
ہمیشہ رہنے والے	اور	وہ لوگ جو	ایمان لائے	اور	عمل کیے	نیک، اچھے	یہ لوگ

ہمیشہ اس میں رہیں گے ○ اور جو ایمان لائے اور اچھے کام کیے وہ

عنوان: جزا و سزا کا خدائی قانون

1. اس آیت میں گناہ سے شرک و کفر مراد ہے۔
2. احاطہ کرنے سے یہ مراد ہے کہ نجات کی تمام راہیں بند ہو جائیں اور کفر و شرک ہی پر اس کو موت آئے۔

اَصْحٰبُ الْجَنَّةِ ۚ هُمْ فِيْهَا خٰلِدُوْنَ ﴿۸۲﴾ ع وَ اِذْ اَخَذْنَا مِيْثَاقَ

اَصْحٰبُ الْجَنَّةِ	هُمْ	فِيْهَا	خٰلِدُوْنَ ﴿۸۲﴾	وَ	اِذْ	اَخَذْنَا	مِيْثَاقَ
جنت والے	وہ	اس میں	ہمیشہ رہنے والے	اور	جب	ہم نے لیا	عہد، وعدہ

جنت والے ہیں انہیں ہمیشہ اس میں رہنا ○ اور یاد کرو جب ہم نے

بَنِيْۤ اِسْرَآءِيْلَ لَا تَعْبُدُوْنَ اِلَّا اللّٰهَ ۖ وَ بِالْوَالِدَيْنِ

بَنِيْۤ اِسْرَآءِيْلَ	لَا تَعْبُدُوْنَ	اِلَّا	اللّٰهَ	وَ	بِالْوَالِدَيْنِ
بنی اسرائیل، اولادِ یعقوب (سے)	تم عبادت نہیں کروگے	مگر	اللہ (کی)	اور	والدین کے ساتھ

بنی اسرائیل سے عہد لیا کہ اللہ کے سوا کسی کی عبادت نہ کرو اور ماں باپ کے ساتھ

اِحْسَانًا وَّ ذِی الْقُرْبٰى وَ الْيَتٰمٰى وَ الْمَسٰكِيْنِ

اِحْسَانًا	وَّ	ذِی الْقُرْبٰى	وَ	الْيَتٰمٰى	وَ	الْمَسٰكِيْنِ
احسان، اچھا سلوک (کرنا)	اور	قرابت والوں، رشتہ داروں	اور	یتیموں	اور	مسکینوں (سے)

بھلائی کرو اور رشتہ داروں اور یتیموں اور مسکینوں کے ساتھ (اچھا سلوک کرو)

وَ قُوْلُوْا لِلنَّاسِ حُسْنًا وَّ اَقِيْمُوا الصَّلٰوةَ وَ اٰتُوا الزَّكٰوةَ ؕ ثُمَّ

وَ	قُوْلُوْا	لِلنَّاسِ	حُسْنًا (1)	وَّ	اَقِيْمُوا	الصَّلٰوةَ	وَ	اٰتُوا	الزَّكٰوةَ	ثُمَّ
اور	کہو	لوگوں سے	اچھی بات	اور	قائم رکھو	نماز	اور	ادا کرو	زکوٰۃ	پھر

اور لوگوں سے اچھی بات کہو اور نماز قائم رکھو اور زکوٰۃ دو (لیکن) پھر تم میں سے

تَوَلَّيْتُمْ اِلَّا قَلِيْلًا مِّنْكُمْ وَ اَنْتُمْ مُّعْرِضُوْنَ ﴿۸۳﴾ وَ اِذْ

تَوَلَّيْتُمْ	اِلَّا	قَلِيْلًا	مِّنْكُمْ	وَ	اَنْتُمْ	مُّعْرِضُوْنَ ﴿۸۳﴾ (2)	وَ	اِذْ
تم نے منہ پھیر لیا	مگر	تھوڑے	تم میں سے	اور	تم	منہ موڑنے والے (ہو)	اور	جب

چند آدمیوں کے علاوہ سب پھر گئے اور تم (ویسے ہی اللہ کے احکام سے) منہ موڑنے والے ہو ○ اور یاد کرو جب

عنوان: بنی اسرائیل کو عہد و میثاق میں دیئے گئے احکام | بنی اسرائیل کی ان احکام کی خلاف ورزی کی تفصیل

(1)...... اچھی بات سے مراد نیکی کی دعوت دینا اور برائیوں سے روکنا ہے۔ نیکی کی دعوت میں اس کے تمام طریقے داخل ہیں، جیسے بیان کرنا، درس دینا، وعظ و نصیحت کرنا وغیرہ۔

(2)...... اس سے معلوم ہوا کہ بنی اسرائیل کی عادت ہی اللہ تعالیٰ کے احکام سے اعراض کرنا اور اس کے عہد سے پھر جانا ہے۔

اَخَذْنَا مِيْثَاقَكُمْ لَا تَسْفِكُوْنَ دِمَآءَكُمْ وَلَا تُخْرِجُوْنَ اَنْفُسَكُمْ مِّنْ

اَخَذْنَا	مِيْثَاقَكُمْ	لَا تَسْفِكُوْنَ	دِمَآءَكُمْ	وَ	لَا تُخْرِجُوْنَ	اَنْفُسَكُمْ	مِّنْ
ہم نے لیا	تمہارا عہد	تم نہ بہاؤ گے	اپنے خون	اور	نہ نکالو گے	اپنے لوگ	سے

ہم نے تم سے عہد لیا کہ آپس میں کسی کا خون نہ بہانا اور اپنے لوگوں کو

دِيَارِكُمْ ثُمَّ اَقْرَرْتُمْ وَاَنْتُمْ تَشْهَدُوْنَ ﴿۸۴﴾ ثُمَّ اَنْتُمْ

دِيَارِكُمْ	ثُمَّ	اَقْرَرْتُمْ	وَ	اَنْتُمْ	تَشْهَدُوْنَ ﴿۸۴﴾	ثُمَّ	اَنْتُمْ
اپنے گھروں، بستیوں (سے)	پھر	تم نے اقرار کرلیا	اور	تم	گواہی دیتے ہو	پھر	تم

اپنی بستیوں سے نہ نکالنا پھر تم نے اقرار بھی کرلیا اور تم (خود اس کے) گواہ ہو○ پھر یہ تم

هٰٓؤُلَآءِ تَقْتُلُوْنَ اَنْفُسَكُمْ وَتُخْرِجُوْنَ فَرِيْقًا مِّنْكُمْ مِّنْ

هٰٓؤُلَآءِ	تَقْتُلُوْنَ	اَنْفُسَكُمْ	وَ	تُخْرِجُوْنَ	فَرِيْقًا	مِّنْكُمْ	مِّنْ
وہ لوگ ہو جو	قتل کرتے ہو	اپنے لوگ	اور	نکالتے ہو	ایک گروہ (کو)	اپنے میں سے	سے

ہی ہو جو اپنے لوگوں کو قتل (بھی) کرنے لگے اور اپنے میں سے ایک گروہ کو ان کے وطن سے (بھی)

دِيَارِهِمْ تَظٰهَرُوْنَ عَلَيْهِمْ بِالْاِثْمِ وَالْعُدْوَانِ ؕ وَ

دِيَارِهِمْ	تَظٰهَرُوْنَ	عَلَيْهِمْ	بِالْاِثْمِ	وَ	الْعُدْوَانِ	وَ
ان کے گھروں، بستیوں	تم مدد کرتے ہو	ان پر (ان کے خلاف)	گناہ میں	اور	زیادتی	اور

نکالنے لگے، تم ان کے خلاف گناہ اور زیادتی کے کاموں میں مدد (بھی) کرتے ہو اور

اِنْ يَّاْتُوْكُمْ اُسٰرٰى تُفٰدُوْهُمْ وَهُوَ

اِنْ يَّاْتُوْكُمْ	اُسٰرٰى	تُفٰدُوْهُمْ	وَ	هُوَ
اگر وہ آئیں تمہارے پاس	قیدی (ہو کر)	تم فدیہ دے کر چھڑا لیتے ہو انہیں	اور (حالانکہ)	وہ (نکالنا)

اگر وہی قیدی ہو کر تمہارے پاس آئیں تو تم معاوضہ دے کر انہیں چھڑا لیتے ہو حالانکہ

مُحَرَّمٌ عَلَیۡکُمۡ اِخۡرَاجُهُمۡ ؕ اَفَتُؤۡمِنُوۡنَ بِبَعۡضِ الۡکِتٰبِ وَ

مُحَرَّمٌ	عَلَیۡکُمۡ	اِخۡرَاجُهُمۡ	اَفَتُؤۡمِنُوۡنَ	بِبَعۡضِ الۡکِتٰبِ	وَ
حرام کیا گیا	تمہارے اوپر	انہیں نکالنا	کیا تو تم ایمان لاتے ہو	کتاب کے کچھ حصے پر	اور

تمہارے اوپر تو ان کا نکالنا ہی حرام ہے۔ تو کیا تم اللہ کے بعض احکامات کو مانتے ہو اور

تَکۡفُرُوۡنَ بِبَعۡضٍ ۚ فَمَا جَزَآءُ مَنۡ یَّفۡعَلُ ذٰلِکَ مِنۡکُمۡ اِلَّا خِزۡیٌ

تَکۡفُرُوۡنَ	بِبَعۡضٍ (1)	فَمَا	جَزَآءُ	مَنۡ	یَّفۡعَلُ	ذٰلِکَ	مِنۡکُمۡ	اِلَّا	خِزۡیٌ (2)
انکار کرتے ہو	کچھ حصے کا	تو کیا	جزاء	جو	کرے	یہ	تم میں سے	مگر	رسوائی

بعض سے انکار کرتے ہو؟ تو جو تم میں ایسا کرے اس کا بدلہ دنیوی زندگی میں

فِی الۡحَیٰوۃِ الدُّنۡیَا ۚ وَ یَوۡمَ الۡقِیٰمَۃِ یُرَدُّوۡنَ اِلٰۤی اَشَدِّ الۡعَذَابِ ؕ وَ مَا

فِی الۡحَیٰوۃِ الدُّنۡیَا	وَ	یَوۡمَ الۡقِیٰمَۃِ	یُرَدُّوۡنَ	اِلٰۤی اَشَدِّ الۡعَذَابِ	وَ	مَا
دنیا کی زندگی میں	اور	روزِ قیامت	لوٹائے جائیں گے	شدید ترین عذاب کی طرف	اور	نہیں

ذلت و رسوائی کے سوا اور کیا ہے اور قیامت کے دن انہیں شدید ترین عذاب کی طرف لوٹایا جائے گا اور

اللّٰهُ بِغَافِلٍ عَمَّا تَعۡمَلُوۡنَ ﴿۸۵﴾ اُولٰٓئِکَ الَّذِیۡنَ اشۡتَرَوُا

اللّٰهُ	بِغَافِلٍ	عَمَّا	تَعۡمَلُوۡنَ ﴿۸۵﴾	اُولٰٓئِکَ	الَّذِیۡنَ	اشۡتَرَوُا
اللہ	غافل	(اس) سے جو	تم کرتے ہو	یہ لوگ	جنہوں نے	خرید لی، لے لی

اللہ تمہارے اعمال سے بے خبر نہیں ۞ یہی وہ لوگ ہیں جنہوں نے

الۡحَیٰوۃَ الدُّنۡیَا بِالۡاٰخِرَۃِ ۫ فَلَا یُخَفَّفُ عَنۡهُمُ الۡعَذَابُ وَ لَا

الۡحَیٰوۃَ الدُّنۡیَا	بِالۡاٰخِرَۃِ	فَلَا یُخَفَّفُ	عَنۡهُمُ	الۡعَذَابُ	وَ	لَا
دنیا کی زندگی	آخرت کے بدلے	تو نہیں ہلکا کیا جائے گا	ان سے	عذاب	اور	نہ

آخرت کے بدلے دنیا کی زندگی خرید لی تو ان سے نہ تو عذاب ہلکا کیا جائے گا اور نہ

(1)...... اس آیت سے معلوم ہوا کہ شریعت کے تمام احکام پر ایمان رکھنا ضروری ہے اور تمام ضروری احکام پر عمل کرنا بھی ضروری ہے۔ کوئی شخص کسی وقت بھی شریعت کی پابندی سے آزاد نہیں ہو سکتا اور خود کو طریقت کا نام لے کر یا کسی بھی طریقے سے شریعت سے آزاد کہنے والے کافر ہیں۔

(2)...... اس سے معلوم ہوا کہ کسی کی طرفداری میں دین کی مخالفت کرنا اُخروی عذاب کے علاوہ دنیا میں بھی ذلت و رسوائی کا باعث ہوتا ہے۔

هُمْ يُنْصَرُوْنَ ﴿٨٦﴾ وَ لَقَدْ اٰتَيْنَا مُوْسَى الْكِتٰبَ وَ قَفَّيْنَا

هُمْ	يُنْصَرُوْنَ ﴿٨٦﴾	وَ	لَقَدْ	اٰتَيْنَا	مُوْسٰى	الْكِتٰبَ	وَ	قَفَّيْنَا
وہ	مدد کیے جائیں گے	اور	بیشک	ہم نے دی	موسیٰ (کو)	کتاب	اور	ہم نے پیچھے بھیجے

ہی ان کی مدد کی جائے گی ○ اور بے شک ہم نے موسیٰ کو کتاب عطا کی اور اس کے بعد

مِنْۢ بَعْدِهٖ بِالرُّسُلِ ۫ وَ اٰتَيْنَا عِيْسَى ابْنَ مَرْيَمَ الْبَيِّنٰتِ وَ

مِنْۢ	بَعْدِهٖ	بِالرُّسُلِ	وَ	اٰتَيْنَا	عِيْسَى ابْنَ مَرْيَمَ	الْبَيِّنٰتِ	وَ
سے	اس کے بعد	رسول	اور	ہم نے دیں	مریم کے بیٹے عیسیٰ (کو)	روشن نشانیاں	اور

پے در پے رسول بھیجے اور ہم نے عیسیٰ بن مریم کو کھلی نشانیاں عطا فرمائیں اور

اَيَّدْنٰهُ بِرُوْحِ الْقُدُسِ ؕ اَفَكُلَّمَا جَآءَكُمْ رَسُوْلٌۢ

اَيَّدْنٰهُ (1)	بِرُوْحِ الْقُدُسِ	اَفَكُلَّمَا	جَآءَكُمْ	رَسُوْلٌۢ
ہم نے مدد کی اس کی	پاک روح کے ذریعے	تو کیا جب کبھی	آیا تمہارے پاس	کوئی رسول

پاک روح کے ذریعے ان کی مدد کی تو (اے بنی اسرائیل!) کیا (تمہارا یہ معمول نہیں ہے ؟ کہ) جب کبھی تمہارے پاس

بِمَا لَا تَهْوٰۤى اَنْفُسُكُمُ اسْتَكْبَرْتُمْ ۚ فَفَرِيْقًا

بِمَا	لَا تَهْوٰۤى	اَنْفُسُكُمُ	اسْتَكْبَرْتُمْ	فَفَرِيْقًا
(اس کے) ساتھ جو	نہیں پسند کرتے	تمہارے نفس، دل	(تو) تم تکبر کرتے	پھر ایک گروہ (کو)

کوئی رسول ایسے احکام لے کر تشریف لایا جنہیں تمہارے دل پسند نہیں کرتے تھے تو تم تکبر کرتے تھے پھر

كَذَّبْتُمْ ۫ وَ فَرِيْقًا تَقْتُلُوْنَ ﴿٨٧﴾ وَ قَالُوْا قُلُوْبُنَا

كَذَّبْتُمْ	وَ	فَرِيْقًا	تَقْتُلُوْنَ ﴿٨٧﴾	وَ	قَالُوْا	قُلُوْبُنَا
تم نے جھٹلایا	اور	ایک گروہ (کو)	قتل کرتے ہو	اور	(یہودیوں نے) کہا	ہمارے دل

ان (انبیاء میں سے) ایک گروہ کو تم جھٹلاتے تھے اور ایک گروہ کو شہید کر دیتے تھے ○ اور یہودیوں نے کہا: ہمارے

عنوان: بنی اسرائیل میں انبیاء کا مسلسل تشریف لانا اور یہودیوں کا انہیں شہید کرنا

1 ....اللہ تعالیٰ نے حضرت عیسیٰ عَلَیْہِ السَّلَام کی مدد حضرت جبریل عَلَیْہِ السَّلَام کے ذریعہ فرمائی۔ معلوم ہوا کہ اللہ کے پیارے مدد کر سکتے ہیں۔

غُلۡفٌ ؕ بَلۡ لَّعَنَهُمُ اللّٰهُ بِكُفۡرِهِمۡ فَقَلِيۡلًا مَّا

غُلۡفٌ	بَلۡ	لَّعَنَهُمُ	اللّٰهُ	بِكُفۡرِهِمۡ	فَقَلِيۡلًا	مَّا
پردوں والے (ہیں)	بلکہ	لعنت کی ان پر	اللہ (نے)	ان کے کفر کے سبب	تو تھوڑے	وہ جو

دلوں پر پردے پڑے ہوئے ہیں بلکہ اللہ نے ان کے کفر کی وجہ سے ان پر لعنت کر دی ہے تو ان میں سے تھوڑے

يُؤۡمِنُوۡنَ ﴿۸۸﴾ وَلَمَّا جَآءَهُمۡ كِتٰبٌ مِّنۡ عِنۡدِ اللّٰهِ مُصَدِّقٌ

يُؤۡمِنُوۡنَ ﴿۸۸﴾	وَ	لَمَّا	جَآءَهُمۡ	كِتٰبٌ	مِّنۡ عِنۡدِ اللّٰهِ	مُصَدِّقٌ
ایمان لاتے ہیں	اور	جب	آئی ان کے پاس	کتاب	اللہ کے پاس سے	تصدیق کرنے والی

لوگ ہی ایمان لاتے ہیں ○ اور جب ان کے پاس اللہ کی وہ کتاب آئی

لِّمَا مَعَهُمۡ ۙ وَكَانُوۡا مِنۡ قَبۡلُ يَسۡتَفۡتِحُوۡنَ عَلَى

لِّمَا	مَعَهُمۡ	وَ	كَانُوۡا	مِنۡ قَبۡلُ	يَسۡتَفۡتِحُوۡنَ	عَلَى
اس کی جو	ان کے ساتھ (ہے)	اور	وہ تھے	(اس) سے پہلے	فتح طلب کرتے	پر

جو ان کے پاس (موجود) کتاب کی تصدیق کرنے والی ہے اور اس سے پہلے یہ اسی نبی کے وسیلہ سے

الَّذِيۡنَ كَفَرُوۡا ۚ فَلَمَّا جَآءَهُمۡ مَّا عَرَفُوۡا كَفَرُوۡا

الَّذِيۡنَ	كَفَرُوۡا	فَلَمَّا	جَآءَهُمۡ	مَّا	عَرَفُوۡا	كَفَرُوۡا
ان لوگوں کے جو (جنہوں نے)	کفر کیا	تو جب	آیا ان کے پاس	وہ جسے	پہچانتے تھے	(تو) کفر کیا

کافروں کے خلاف فتح مانگتے تھے تو جب ان کے پاس وہ جانا پہچانا نبی تشریف لے آیا تو اس کے منکر

بِهٖ ؗ فَلَعۡنَةُ اللّٰهِ عَلَى الۡكٰفِرِيۡنَ ﴿۸۹﴾ بِئۡسَمَا اشۡتَرَوۡا

بِهٖ	فَلَعۡنَةُ اللّٰهِ	عَلَى الۡكٰفِرِيۡنَ ﴿۸۹﴾	بِئۡسَمَا	اشۡتَرَوۡا
اس کے ساتھ	پس اللہ کی لعنت	کافروں پر	کتنا برا ہے وہ جو	انہوں نے بیچ دیں

ہو گئے تو اللہ کی لعنت ہو انکار کرنے والوں پر ○ انہوں نے اپنی جانوں کا

عنوان: نبی کریم صَلَّی اللّٰہُ عَلَیْہِ وَسَلَّم کی تشریف آوری سے پہلے اور بعد میں یہودیوں کا حال — یہودیوں کا حسد کی وجہ سے اسلام قبول نہ کرنا

بِهٖٓ اَنْفُسَهُمْ اَنْ يَّكْفُرُوْا بِمَآ اَنْزَلَ اللّٰهُ

بِهٖٓ	اَنْفُسَهُمْ	اَنْ	يَّكْفُرُوْا	بِمَآ	اَنْزَلَ	اللّٰهُ [1]
اس کے بدلے	اپنی جانیں	کہ	انکار کرتے ہیں	(اس) کا جو	نازل کیا	اللہ (نے)

کتنا بُرا سودا کیا کہ اللہ نے جو نازل فرمایا ہے اس کا انکار کر رہے ہیں

بَغْيًا اَنْ يُّنَزِّلَ اللّٰهُ مِنْ فَضْلِهٖ عَلٰى مَنْ

بَغْيًا [2]	اَنْ	يُّنَزِّلَ	اللّٰهُ	مِنْ فَضْلِهٖ	عَلٰى مَنْ
(کافروں کا انکار) حسد (کی وجہ سے)	کہ	نازل کرتا ہے	اللہ	اپنے فضل سے	جس پر

اس حسد کی وجہ سے کہ اللہ اپنے فضل سے اپنے جس

يَّشَآءُ مِنْ عِبَادِهٖ ۚ فَبَآءُوْ بِغَضَبٍ عَلٰى غَضَبٍ ؕ وَ

يَّشَآءُ	مِنْ عِبَادِهٖ	فَبَآءُوْ	بِغَضَبٍ	عَلٰى غَضَبٍ	وَ
وہ چاہتا ہے	اپنے بندوں میں سے	پس وہ لوٹے	غضب کے ساتھ	غضب پر	اور

بندے پر چاہتا ہے وحی نازل فرماتا ہے تو یہ لوگ غضب پر غضب کے مستحق ہوگئے اور

لِلْكٰفِرِيْنَ عَذَابٌ مُّهِيْنٌ ﴿٩٠﴾ وَ اِذَا قِيْلَ لَهُمْ اٰمِنُوْا

لِلْكٰفِرِيْنَ	عَذَابٌ	مُّهِيْنٌ ﴿٩٠﴾	وَ	اِذَا	قِيْلَ	لَهُمْ	اٰمِنُوْا
کافروں کے لئے (ہے)	عذاب	ذلیل کر دینے والا	اور	جب	کہا گیا	ان سے	ایمان لاؤ

کافروں کے لیے ذلت کا عذاب ہے ○ اور جب ان سے کہا جائے کہ اس پر ایمان لاؤ

بِمَآ اَنْزَلَ اللّٰهُ قَالُوْا نُؤْمِنُ بِمَآ اُنْزِلَ

بِمَآ	اَنْزَلَ	اللّٰهُ	قَالُوْا	نُؤْمِنُ	بِمَآ	اُنْزِلَ
(اس) پر جو	نازل کیا، اتارا	اللہ (نے)	انہوں نے کہا	ہم ایمان لاتے ہیں	(اس) پر جو	نازل کیا گیا

جو اللہ نے نازل فرمایا ہے تو کہتے ہیں: ہم اسی پر ایمان لاتے ہیں جو ہمارے اوپر نازل کیا گیا

عنوان: یہودیوں کا تورات پر ایمان کا دعویٰ بھی جھوٹا ہے

1 ...... اس سے ہر آدمی نصیحت حاصل کرے کہ ایمان کی جگہ کفر، نیکیوں کی جگہ گناہ، اطاعت کی جگہ نافرمانی، رضائے الٰہی کی جگہ اللہ تعالیٰ کے غضب کا سودا بہت خسارے کا سودا ہے۔

2 ...... اس سے معلوم ہوا کہ منصب و مرتبے کی طلب انسان کے دل میں حسد پیدا ہونے کا ایک سبب ہے اور یہ بھی معلوم ہوا کہ حسد ایسا خبیث مرض ہے جو انسان کو کفر تک بھی لے جا سکتا ہے۔

عَلَيۡنَا وَيَكۡفُرُوۡنَ بِمَا وَرَآءَهٗ ۚ وَهُوَ

عَلَيۡنَا	وَ	يَكۡفُرُوۡنَ	بِمَا	وَرَآءَهٗ	وَ	هُوَ
ہمارے اوپر	اور	وہ انکار کرتے ہیں	(اس) کا جو اس (تورات)	کے علاوہ (ہے)	اور (حالانکہ)	وہ (قرآن)

اور وہ تورات کے علاوہ دیگر کا انکار کرتے ہیں حالانکہ وہ (قرآن)

الۡحَقُّ مُصَدِّقًا لِّمَا مَعَهُمۡ ؕ قُلۡ فَلِمَ تَقۡتُلُوۡنَ

الۡحَقُّ	مُصَدِّقًا	لِّمَا	مَعَهُمۡ	قُلۡ	فَلِمَ	تَقۡتُلُوۡنَ (1)
حق	تصدیق کرنے والا	(اس) کی جو	ان کے ساتھ (ہے)	تم کہو	تو کیوں	تم قتل کرتے (تھے)

بھی حق ہے ان کے پاس موجود (کتاب) کی تصدیق کرنے والا ہے۔ اے محبوب! تم فرمادو کہ (اے یہودیو!)

اَنۡۢبِيَآءَ اللّٰهِ مِنۡ قَبۡلُ اِنۡ كُنۡتُمۡ مُّؤۡمِنِيۡنَ ﴿۹۱﴾ وَلَقَدۡ جَآءَكُمۡ

اَنۡۢبِيَآءَ اللّٰهِ	مِنۡ قَبۡلُ	اِنۡ	كُنۡتُمۡ	مُّؤۡمِنِيۡنَ ﴿۹۱﴾	وَ	لَقَدۡ	جَآءَكُمۡ
اللہ کے انبیاء	(اس) سے پہلے	اگر	تم تھے	ایمان والے	اور	بیشک	آئے تمہارے پاس

اگر تم ایمان والے تھے تو پھر پہلے تم اللہ کے نبیوں کو کیوں شہید کرتے تھے؟ ○ اور بیشک تمہارے پاس

مُّوۡسٰى بِالۡبَيِّنٰتِ ثُمَّ اتَّخَذۡتُمُ الۡعِجۡلَ مِنۡۢ بَعۡدِهٖ

مُّوۡسٰى	بِالۡبَيِّنٰتِ	ثُمَّ	اتَّخَذۡتُمُ	الۡعِجۡلَ	مِنۡ	بَعۡدِهٖ
موسیٰ	روشن نشانیوں کے ساتھ	پھر	تم نے اختیار کرلیا	بچھڑا (بطور معبود)	سے	اس کے بعد

موسیٰ روشن نشانیاں لے کر تشریف لائے پھر تم نے اس کے بعد بچھڑے کو معبود بنالیا

وَاَنۡتُمۡ ظٰلِمُوۡنَ ﴿۹۲﴾ وَاِذۡ اَخَذۡنَا مِيۡثَاقَكُمۡ وَرَفَعۡنَا فَوۡقَكُمُ

وَ	اَنۡتُمۡ	ظٰلِمُوۡنَ ﴿۹۲﴾	وَ	اِذۡ	اَخَذۡنَا	مِيۡثَاقَكُمۡ	وَ	رَفَعۡنَا	فَوۡقَكُمُ
اور	تم	ظلم کرنے والے (تھے)	اور	جب	ہم نے لیا	تمہارا عہد	اور	بلند کیا	تمہارے اوپر

اور تم ظالم تھے ○ اور (یاد کرو) جب ہم نے تم سے عہد لیا اور کوہِ طور کو تمہارے سروں پر بلند کردیا

عنوان: بنی اسرائیل کی بچھڑا پرستی کا ذکر کر کے یہودیوں کے خلاف حجت قائم کرنا

(1)...... حضور پر نور صَلَّی اللہُ عَلَیْہِ وَسَلَّم کے زمانے کے بنی اسرائیل نے انبیاء کرام عَلَیْہِمُ السَّلَام کو شہید نہ کیا تھا مگر چونکہ وہ قاتلوں کی اِس حرکت سے راضی تھے اور ان کو اپنا بڑا مانتے تھے اور انہیں عظمت سے یاد کرتے تھے اس لئے انہیں بھی قاتلوں میں شامل کیا گیا۔

الطُّوۡرَ ؕ خُذُوۡا مَاۤ اٰتَيۡنٰكُمۡ بِقُوَّةٍ وَّاسۡمَعُوۡا ؕ قَالُوۡا

قَالُوۡا	اسۡمَعُوۡا	وَّ	بِقُوَّةٍ (1)	اٰتَيۡنٰكُمۡ	مَاۤ	خُذُوۡا	الطُّوۡرَ
انہوں نے کہا	سنو	اور	مضبوطی سے	ہم نے دیا تمہیں	جو	پکڑ لو، تھام لو	طور (پہاڑ)

(اور فرمایا) مضبوطی سے تھام لو اس کو جو ہم نے تمہیں عطا کی ہے اور سنو۔ انہوں نے کہا:

سَمِعۡنَا وَعَصَيۡنَا ٭ وَاُشۡرِبُوۡا فِىۡ قُلُوۡبِهِمُ الۡعِجۡلَ

الۡعِجۡلَ	فِىۡ قُلُوۡبِهِمُ	اُشۡرِبُوۡا	وَ	عَصَيۡنَا	وَ	سَمِعۡنَا
بچھڑا (کی محبت)	ان کے دلوں میں	پلا دی گئی	اور	نافرمانی کی، نہ مانا	اور	ہم نے سنا

ہم نے سنا اور نہ مانا اور ان کے کفر کی وجہ سے ان کے دلوں میں تو بچھڑا رچا ہوا تھا۔

بِكُفۡرِهِمۡ ؕ قُلۡ بِئۡسَمَا يَاۡمُرُكُمۡ بِهٖۤ اِيۡمَانُكُمۡ

اِيۡمَانُكُمۡ	بِهٖۤ	يَاۡمُرُكُمۡ	بِئۡسَمَا	قُلۡ	بِكُفۡرِهِمۡ
تمہارا ایمان	اس کے ساتھ	حکم دیتا ہے تمہیں	کتنا برا ہے جو	تم کہو	ان کے کفر کے سبب

اے محبوب! تم فرما دو: اگر تم ایمان والے ہو تو تمہارا ایمان تمہیں

اِنۡ كُنۡتُمۡ مُّؤۡمِنِيۡنَ ﴿۹۳﴾ قُلۡ اِنۡ كَانَتۡ لَكُمُ الدَّارُ الۡاٰخِرَةُ

الدَّارُ الۡاٰخِرَةُ	لَكُمُ	كَانَتۡ	اِنۡ	قُلۡ	مُّؤۡمِنِيۡنَ ﴿۹۳﴾	كُنۡتُمۡ	اِنۡ
آخرت کا گھر	تمہارے لئے	ہے	اگر	تم کہو	ایمان والے	تم ہو	اگر

کتنا برا حکم دیتا ہے ○ اے محبوب! تم فرما دو: اگر دوسرے لوگوں کو چھوڑ کر آخرت کا گھر

عِنۡدَ اللّٰهِ خَالِصَةً مِّنۡ دُوۡنِ النَّاسِ فَتَمَنَّوُا الۡمَوۡتَ اِنۡ

اِنۡ	الۡمَوۡتَ (2)	فَتَمَنَّوُا	مِّنۡ دُوۡنِ النَّاسِ	خَالِصَةً	عِنۡدَ اللّٰهِ
اگر	موت (کی)	تو تم تمنا کرو	لوگوں کے علاوہ سے (اور لوگوں کو چھوڑ کر)	خالص	اللہ کے پاس

اللہ کے نزدیک خالص تمہارے ہی لئے ہے تو اگر تم سچے ہو تو

عنوان یہودیوں کے اس دعوے کا رد کہ جنت صرف ان کے لئے ہے

1 ...... اس آیت سے معلوم ہوا کہ اللہ تعالیٰ کی کتاب پر ایمان لانے کا مطلب یہ ہے کہ اس کے تمام احکام اور سب تقاضوں پر عمل کیا جائے اور ان کی خلاف ورزی نہ کی جائے۔

2 ...... موت کی محبت اور اللہ تعالیٰ کی ملاقات کا شوق مقبول بندوں کا طریقہ ہے البتہ دنیوی پریشانیوں سے تنگ آکر موت کی دعا کرنا صبر و رضا و تسلیم و توکل کے خلاف ہے اور ناجائز ہے۔

كُنْتُمْ صٰدِقِيْنَ ۝۹۴ وَ لَنْ يَّتَمَنَّوْهُ اَبَدًۢا بِمَا

بِمَا	اَبَدًا	لَنْ يَّتَمَنَّوْهُ	وَ	صٰدِقِيْنَ ۝۹۴	كُنْتُمْ
(ان اعمال کی) وجہ سے جو	کبھی	وہ ہرگز تمنا نہیں کریں گے اس کی	اور	سچے	تم ہو

موت کی تمنا تو کرو ○ اور اپنی بد اعمالیوں کی وجہ سے یہ ہرگز کبھی

قَدَّمَتْ اَيْدِيْهِمْ ؕ وَ اللّٰهُ عَلِيْمٌۢ بِالظّٰلِمِيْنَ ۝۹۵ وَ لَتَجِدَنَّهُمْ

لَتَجِدَنَّهُمْ	وَ	بِالظّٰلِمِيْنَ ۝۹۵	عَلِيْمٌ	اللّٰهُ	وَ	اَيْدِيْهِمْ	قَدَّمَتْ
ضرور تم پاؤ گے انہیں	اور	ظالموں کو	جانتا ہے	اللہ	اور	ان کے ہاتھوں (نے)	آگے بھیجے

موت کی تمنا نہ کریں گے اور اللہ ظالموں کو خوب جانتا ہے ○ اور بیشک تم ضرور انہیں پاؤ گے

اَحْرَصَ النَّاسِ عَلٰى حَيٰوةٍ ۚۛ وَ مِنَ الَّذِيْنَ اَشْرَكُوْا ۚۛ

اَشْرَكُوْا (1)	مِنَ الَّذِيْنَ	وَ	عَلٰى حَيٰوةٍ	اَحْرَصَ النَّاسِ
شرک کیا	ان لوگوں سے جو (جنھوں نے)	اور	زندگی پر	لوگوں میں سب سے زیادہ حریص

کہ سب لوگوں سے زیادہ جینے کی ہوس رکھتے ہیں اور مشرکوں میں سے

يَوَدُّ اَحَدُهُمْ لَوْ يُعَمَّرُ اَلْفَ سَنَةٍ ۚ وَ مَا

مَا	وَ	اَلْفَ سَنَةٍ	يُعَمَّرُ	لَوْ	اَحَدُهُمْ	يَوَدُّ
نہیں	اور (حالانکہ)	ہزار سال	اسے عمر دی جائے	اگر، کاش	ان کا ایک (گروہ)	تمنا کرتا ہے

ایک (گروہ) تمنا کرتا ہے کہ کاش اسے ہزار سال کی زندگی دیدی جائے حالانکہ

هُوَ بِمُزَحْزِحِهٖ مِنَ الْعَذَابِ اَنْ يُّعَمَّرَ ؕ وَ اللّٰهُ

اللّٰهُ	وَ	يُّعَمَّرَ	اَنْ	مِنَ الْعَذَابِ	بِمُزَحْزِحِهٖ	هُوَ
اللہ	اور	عمر دیا جائے	کہ	عذاب سے	دور کرنے والا اسے	وہ (اتنی عمر ملنا)

اتنی عمر کا دیا جانا بھی اسے عذاب سے دور نہ کرسکے گا اور اللہ

عنوان: یہودیوں اور مشرکوں کی زندہ رہنے کی حرص وہوس

(1) ...... کفار دنیاوی زندگی پر حریص ہوتے ہیں اور موت سے بہت بھاگتے ہیں جبکہ مومن کی شان یہ ہے کہ وہ اگر زندگی چاہتا ہے تو صرف اس لئے کہ زیادہ نیکیاں کرے، آخرت کا توشہ جمع کرے۔

بَصِيْرٌۢ بِمَا يَعْمَلُوْنَ ﴿۹۶﴾ قُلْ مَنْ كَانَ عَدُوًّا لِّجِبْرِيْلَ

بَصِيْرٌۢ	بِمَا	يَعْمَلُوْنَ ﴿۹۶﴾	قُلْ	مَنْ	كَانَ	عَدُوًّا	لِّجِبْرِيْلَ
دیکھنے والا (ہے)	(اس) کو جو	وہ عمل کرتے ہیں	تم کہو	جو کوئی	ہو	دشمن	جبریل کا

ان کے تمام اعمال کو خوب دیکھ رہا ہے ○ اے محبوب! تم فرمادو: جو کوئی جبرئیل کا دشمن ہو (تو ہو)

فَاِنَّهٗ نَزَّلَهٗ عَلٰى قَلْبِكَ بِاِذْنِ اللّٰهِ مُصَدِّقًا

فَاِنَّهٗ	نَزَّلَهٗ	عَلٰى قَلْبِكَ	بِاِذْنِ اللّٰهِ	مُصَدِّقًا
تو بیشک وہ (قرآن)	اس نے اتارا اسے	تمہارے دل پر	اللہ کے حکم، اجازت سے	تصدیق کرنے والا

پس بیشک اس نے تو تمہارے دل پر اللہ کے حکم سے یہ اتارا ہے،

لِّمَا بَيْنَ يَدَيْهِ وَهُدًى وَّبُشْرٰى لِلْمُؤْمِنِيْنَ ﴿۹۷﴾

لِّمَا	بَيْنَ يَدَيْهِ	وَ	هُدًى	وَّ	بُشْرٰى	لِلْمُؤْمِنِيْنَ ﴿۹۷﴾
(اس) کی جو	اس (قرآن) سے پہلے	اور	ہدایت	اور	بشارت، خوشخبری	ایمان والوں کے لئے

جو اپنے سے پہلے موجود کتابوں کی تصدیق فرمانے والا ہے اور ایمان والوں کے لئے ہدایت اور بشارت ہے ○

مَنْ كَانَ عَدُوًّا لِّلّٰهِ وَمَلٰٓئِكَتِهٖ وَرُسُلِهٖ وَجِبْرِيْلَ وَ

مَنْ	كَانَ	عَدُوًّا	لِّلّٰهِ	وَ	مَلٰٓئِكَتِهٖ	وَ	رُسُلِهٖ	وَ	جِبْرِيْلَ	وَ
جو	ہو	دشمن	اللہ کا	اور	اس کے فرشتوں	اور	اس کے رسولوں	اور	جبریل	اور

جو کوئی اللہ اور اس کے فرشتوں اور اس کے رسولوں اور جبرائیل اور

مِيْكٰلَ فَاِنَّ اللّٰهَ عَدُوٌّ لِّلْكٰفِرِيْنَ ﴿۹۸﴾ وَلَقَدْ

مِيْكٰلَ	فَاِنَّ	اللّٰهَ	عَدُوٌّ	لِّلْكٰفِرِيْنَ ﴿۹۸﴾ (1)	وَ	لَقَدْ
میکائیل (کا)	تو بیشک	اللہ	دشمن (ہے)	کافروں کا	اور	ضرور تحقیق، بیشک

میکائیل کا دشمن ہو تو اللہ کافروں کا دشمن ہے ○ اور بیشک

عنوان: یہودیوں کی حضرت جبریل علیہ السلام سے دشمنی — اللہ عزوجل کے مقرب بندوں سے دشمنی اللہ عزوجل سے دشمنی ہے — یہودیوں کا حضور اقدس صلی اللہ علیہ وسلم پر ایمان لانے کا عہد توڑ دینا

(1) ......اس سے معلوم ہوا کہ انبیاء کرام علیہم السلام اور فرشتوں سے دشمنی کفر اور غضبِ الٰہی کا سبب ہے اور محبوبانِ حق سے دشمنی خدا عزوجل سے دشمنی کرنا ہے۔

اَنۡزَلۡنَاۤ اِلَيۡكَ اٰيٰتٍۭ بَيِّنٰتٍ ۚ وَمَا يَكۡفُرُ بِهَاۤ

اَنۡزَلۡنَاۤ	اِلَيۡكَ	اٰيٰتٍۭ بَيِّنٰتٍ	وَ	مَا يَكۡفُرُ	بِهَاۤ
ہم نے نازل کیں، اتاریں	تمہاری طرف	روشن نشانیاں	اور	نہیں انکار کرتے	ان (نشانیوں) کا

ہم نے تمہاری طرف روشن آیتیں نازل کیں اور ان کا انکار

اِلَّا الۡفٰسِقُوۡنَ ﴿۹۹﴾ اَوَ كُلَّمَا عٰهَدُوۡا عَهۡدًا نَّبَذَهٗ فَرِيۡقٌ

اِلَّا	الۡفٰسِقُوۡنَ ﴿۹۹﴾	اَوَ	كُلَّمَا	عٰهَدُوۡا	عَهۡدًا	نَّبَذَهٗ	فَرِيۡقٌ
مگر	فاسق، نافرمان	کیا اور	جب کبھی	انہوں نے کیا	کوئی عہد	پھینک دیا اسے	ایک گروہ (نے)

صرف نافرمان ہی کرتے ہیں ○ اور جب کبھی انہوں نے کوئی عہد کیا تو ان میں سے ایک گروہ نے

مِّنۡهُمۡ ؕ بَلۡ اَكۡثَرُهُمۡ لَا يُؤۡمِنُوۡنَ ﴿۱۰۰﴾ وَلَمَّا جَآءَهُمۡ رَسُوۡلٌ

مِّنۡهُمۡ	بَلۡ	اَكۡثَرُهُمۡ	لَا يُؤۡمِنُوۡنَ ﴿۱۰۰﴾	وَ	لَمَّا	جَآءَهُمۡ	رَسُوۡلٌ
ان میں سے	بلکہ	ان میں سے اکثر	مانتے ہی نہیں	اور	جب	آیا ان کے پاس	ایک رسول

اس عہد کو پھینک دیا بلکہ ان میں سے اکثر مانتے ہی نہیں ○ اور جب ان کے پاس اللہ کی طرف سے ایک رسول

مِّنۡ عِنۡدِ اللّٰهِ مُصَدِّقٌ لِّمَا مَعَهُمۡ نَبَذَ

مِّنۡ عِنۡدِ اللّٰهِ	مُصَدِّقٌ	لِّمَا	مَعَهُمۡ	نَبَذَ
اللہ کی طرف سے	تصدیق کرنے والا	(اس) کی جو	ان کے ساتھ (ہے)	پھینک دیا

تشریف لایا جو ان کی کتابوں کی تصدیق فرمانے والا ہے تو

فَرِيۡقٌ مِّنَ الَّذِيۡنَ اُوۡتُوا الۡكِتٰبَ ۙ كِتٰبَ اللّٰهِ

فَرِيۡقٌ (1)	مِّنَ الَّذِيۡنَ	اُوۡتُوا	الۡكِتٰبَ	كِتٰبَ اللّٰهِ
ایک گروہ (نے)	ان لوگوں میں سے جو (جنہیں)	دی گئی	کتاب	اللہ کی کتاب

اہل کتاب میں سے ایک گروہ نے اللہ کی کتاب کو

(1)...... یہودی توریت کی بہت تعظیم کرتے تھے مگر حضور پر نور صَلَّی اللہُ عَلَیْہِ وَسَلَّم پر ایمان نہ لائے تو اس پر عمل نہ کیا گیا یوں گویا اسے پس پشت ڈال دیا۔

وَرَآءَ ظُهُوْرِهِمْ كَاَنَّهُمْ لَا يَعْلَمُوْنَ ﴿۱۰۱﴾ وَاتَّبَعُوْا مَا

وَرَآءَ ظُهُوْرِهِمْ	كَاَنَّهُمْ	لَا يَعْلَمُوْنَ ﴿۱۰۱﴾	وَ	اتَّبَعُوْا	مَا
اپنی پشتوں کے پیچھے	گویا کہ وہ	(کچھ) نہیں جانتے ہیں	اور	انہوں نے پیروی کی	(اس جادو کی) جو

پیٹھ پیچھے یوں پھینک دیا گویا وہ کچھ جانتے ہی نہیں ہیں ○ اور یہ

تَتْلُوا الشَّيٰطِيْنُ عَلٰى مُلْكِ سُلَيْمٰنَ ۚ وَمَا كَفَرَ سُلَيْمٰنُ وَ

تَتْلُوْا	الشَّيٰطِيْنُ	عَلٰى	مُلْكِ سُلَيْمٰنَ	وَ	مَا كَفَرَ	سُلَيْمٰنُ (1)	وَ
پڑھتے	شیاطین	پر (میں)	سلیمان کے دورِ حکومت	اور	کفر نہ کیا	سلیمان (نے)	اور

سلیمان کے عہدِ حکومت میں اس جادو کے پیچھے پڑ گئے جو شیاطین پڑھا کرتے تھے اور سلیمان نے کفر نہ کیا بلکہ

لٰكِنَّ الشَّيٰطِيْنَ كَفَرُوْا يُعَلِّمُوْنَ النَّاسَ السِّحْرَ ۗ وَمَآ اُنْزِلَ

لٰكِنَّ	الشَّيٰطِيْنَ	كَفَرُوْا	يُعَلِّمُوْنَ	النَّاسَ	السِّحْرَ	وَ	مَآ	اُنْزِلَ
لیکن	شیاطین (نے)	کفر کیا	وہ سکھاتے	لوگوں (کو)	جادو	اور	جو	اتارا گیا

شیطان کافر ہوئے جو لوگوں کو جادو سکھاتے تھے اور (یہ تو اس جادو کے پیچھے بھی پڑ گئے تھے) جو

عَلَى الْمَلَكَيْنِ بِبَابِلَ هَارُوْتَ وَمَارُوْتَ ؕ وَمَا يُعَلِّمٰنِ

عَلَى الْمَلَكَيْنِ	بِبَابِلَ	هَارُوْتَ	وَ	مَارُوْتَ (2)	وَ	مَا يُعَلِّمٰنِ
دو فرشتوں پر	بابل (شہر) میں	ہاروت	اور	ماروت	اور	وہ دونوں نہ سکھاتے

بابل شہر میں دو فرشتوں ہاروت و ماروت پر اتارا گیا تھا اور وہ دونوں

مِنْ اَحَدٍ حَتّٰى يَقُوْلَآ اِنَّمَا نَحْنُ فِتْنَةٌ

مِنْ اَحَدٍ	حَتّٰى	يَقُوْلَآ	اِنَّمَا	نَحْنُ	فِتْنَةٌ
کسی ایک (کو)	یہاں تک کہ	وہ کہتے	صرف	ہم	آزمائش، امتحان

کسی کو کچھ نہ سکھاتے جب تک یہ نہ کہہ لیتے کہ ہم تو صرف (لوگوں کا) امتحان ہیں

عنوان: حضرت سلیمان عَلَیْہِ السَّلَام پر جادو کی تہمت کی تردید، یہودیوں کا جادو سیکھنا اور ہاروت و ماروت عَلَیْہِمَا السَّلَام کا واقعہ

(1)...... لوگوں نے حضرت سلیمان عَلَیْہِ السَّلَام پر جادو کی تہمت لگائی تھی یہاں اس کا رد کیا گیا ہے۔

(2)...... ہاروت اور ماروت دو فرشتے ہیں اور فرشتے گناہوں سے معصوم ہوتے ہیں، ان کے بارے میں مشہور قصے یہودیوں کے گھڑے ہوئے ہیں جو کہ غلط اور باطل ہیں۔

فَلَا تَكْفُرْ ؕ فَيَتَعَلَّمُوْنَ مِنْهُمَا مَا يُفَرِّقُوْنَ

فَلَا تَكْفُرْ	فَيَتَعَلَّمُوْنَ	مِنْهُمَا	مَا	يُفَرِّقُوْنَ
پس تو کفر نہ کر (اے سیکھنے والے)	پس وہ لوگ سیکھتے	ان دونوں سے	وہ چیز جو	وہ جدائی ڈالتے ہیں

تو (اے لوگو! تم) اپنا ایمان ضائع نہ کرو۔ وہ لوگ ان فرشتوں سے ایسا جادو سیکھتے

بِهٖ بَيْنَ الْمَرْءِ وَ زَوْجِهٖ ؕ وَ مَا هُمْ بِضَآرِّيْنَ

بِهٖ	بَيْنَ الْمَرْءِ وَزَوْجِهٖ	وَ	مَا	هُمْ	بِضَآرِّيْنَ
اس کے ذریعے	شوہر اور اس کی بیوی کے درمیان	اور (حالانکہ)	نہیں	وہ	نقصان پہنچانے والے

جس کے ذریعے مرد اور اس کی بیوی میں جدائی ڈال دیں حالانکہ وہ

بِهٖ مِنْ اَحَدٍ اِلَّا بِاِذْنِ اللّٰهِ ؕ وَ يَتَعَلَّمُوْنَ مَا

بِهٖ	مِنْ اَحَدٍ	اِلَّا	بِاِذْنِ اللّٰهِ (1)	وَ	يَتَعَلَّمُوْنَ	مَا
اس کے ذریعے	کسی ایک (کو)	مگر	اللہ کے حکم، اجازت سے	اور	وہ لوگ سیکھتے	جو

اس کے ذریعے کسی کو اللہ کے حکم کے بغیر کوئی نقصان نہیں پہنچاسکتے تھے اور یہ ایسی چیز سیکھتے تھے جو

يَضُرُّهُمْ وَ لَا يَنْفَعُهُمْ ؕ وَ لَقَدْ عَلِمُوْا لَمَنِ

يَضُرُّهُمْ (2)	وَ	لَا يَنْفَعُهُمْ	وَ	لَقَدْ	عَلِمُوْا	لَمَنِ
نقصان دے انہیں	اور	نفع نہ دے انہیں	اور	ضرور تحقیق، بیشک	انہیں معلوم تھا	(کہ) ضرور جس نے

انہیں نقصان دے اور انہیں نفع نہ دے اور یقیناً انہیں معلوم ہے کہ جس نے

اشْتَرٰىهُ مَا لَهٗ فِي الْاٰخِرَةِ مِنْ خَلَاقٍ ؕ۫ وَ لَبِئْسَ مَا

اشْتَرٰىهُ	مَا	لَهٗ	فِي الْاٰخِرَةِ	مِنْ خَلَاقٍ	وَ	لَبِئْسَ	مَا
خریدا، لیا اس (جادو) کو	نہیں	اس کے لئے	آخرت میں	کوئی حصہ	اور	ضرور برا	جو

یہ سودا لیا ہے آخرت میں اس کا کچھ حصہ نہیں اور انہوں نے

(1)...... مؤثر حقیقی اللہ تعالیٰ ہے اور اسباب کی تاثیر اللہ تعالیٰ کی مشیت یعنی چاہنے کے تحت ہے۔ یعنی اللہ عَزَّوَجَلَّ چاہے تو ہی کوئی شے اثر کر سکتی ہے، اگر اللہ تعالیٰ نہ چاہے تو آگ جلا نہ سکے، پانی پیاس نہ بجھاسکے اور دوا شفا نہ دے سکے۔

(2)...... جب جادو میں نقصان کی تاثیر ہے تو قرآنی آیات میں ضرور شفاء کی تاثیر ہے۔ یونہی جب کفار جادو سے نقصان پہنچاسکتے ہیں تو خدا کے بندے بھی کرامت کے ذریعہ نفع پہنچاسکتے ہیں۔

شَرَوْا بِهٖۤ اَنْفُسَهُمْ ؕ لَوْ كَانُوْا يَعْلَمُوْنَ ﴿۱۰۲﴾ وَ لَوْ اَنَّهُمْ

شَرَوْا	بِهٖۤ	اَنْفُسَهُمْ	لَوْ	كَانُوْا يَعْلَمُوْنَ ﴿۱۰۲﴾	وَ	لَوْ	اَنَّهُمْ
انہوں نے بیچیں	اس کے بدلے	اپنی جانیں	اگر	وہ جانتے	اور	اگر	بیشک وہ

اپنی جانوں کا کتنا برا سودا کیا ہے، کیا ہی اچھا ہوتا اگر یہ جانتے ○ اور اگر وہ

اٰمَنُوْا وَ اتَّقَوْا لَمَثُوْبَةٌ مِّنْ عِنْدِ اللّٰهِ

اٰمَنُوْا	وَ	اتَّقَوْا	لَمَثُوْبَةٌ	مِّنْ عِنْدِ اللّٰهِ
ایمان لاتے	اور	ڈرتے، پرہیز گاری اختیار کرتے	ضرور ثواب	اللہ کے پاس سے

ایمان لاتے اور پرہیز گاری اختیار کرتے تو اللہ کے یہاں کا ثواب

خَيْرٌ ؕ لَوْ كَانُوْا يَعْلَمُوْنَ ﴿۱۰۳﴾ ع يٰۤاَيُّهَا الَّذِيْنَ اٰمَنُوْا لَا تَقُوْلُوْا

خَيْرٌ	لَوْ	كَانُوْا يَعْلَمُوْنَ ﴿۱۰۳﴾	يٰۤاَيُّهَا	الَّذِيْنَ	اٰمَنُوْا	لَا تَقُوْلُوْا
بہتر، بہت اچھا (ہوتا)	اگر	وہ جانتے	اے	وہ لوگو جو	ایمان لائے	تم نہ کہو

بہت اچھا ہے، اگر یہ جانتے ○ اے ایمان والو!

رَاعِنَا وَ قُوْلُوا انْظُرْنَا وَ اسْمَعُوْا ؕ وَ

رَاعِنَا	وَ	قُوْلُوا	انْظُرْنَا (1)	وَ	اسْمَعُوْا	وَ
راعنا (ہماری رعایت فرمائیں)	اور	کہو	(اُنْظُرْنَا) ہم پر نظر رکھیں	اور	سنو	اور

راعنا نہ کہو اور یوں عرض کرو کہ حضور ہم پر نظر رکھیں اور پہلے ہی سے بغور سنو اور

لِلْكٰفِرِيْنَ عَذَابٌ اَلِيْمٌ ﴿۱۰۴﴾ مَا يَوَدُّ الَّذِيْنَ كَفَرُوْا

لِلْكٰفِرِيْنَ	عَذَابٌ	اَلِيْمٌ ﴿۱۰۴﴾	مَا يَوَدُّ	الَّذِيْنَ	كَفَرُوْا
کافروں کے لئے (ہے)	عذاب	دردناک	نہیں چاہتے	وہ لوگ جو (جنہوں نے)	کفر کیا

کافروں کے لئے دردناک عذاب ہے ○ (اے مسلمانو!) نہ تو اہلِ کتاب کے کافر چاہتے ہیں

عنوان: ایمان و تقویٰ کی فضیلت — نبی کریم صَلَّی اللّٰہُ عَلَیْہِ وَسَلَّم کی بارگاہ میں عرض کرنے کا باادب طریقہ — یہودیوں کی مسلمانوں سے دوستی اور خیر خواہی جھوٹی ہے

(1)...... اس آیت سے معلوم ہوا کہ انبیاء کرام عَلَیْہِمُ السَّلَام کی تعظیم و توقیر اور ان کی جناب میں ادب کا لحاظ کرنا فرض ہے اور جس کلمہ میں ترکِ ادب کا معمولی سا بھی اندیشہ ہو وہ زبان پر لانا ممنوع ہے۔ نیز یہ بھی معلوم ہوا کہ حضور پر نور صَلَّی اللّٰہُ عَلَیْہِ وَسَلَّم کی بارگاہ کا ادب ربُّ العالمین خود سکھاتا ہے اور تعظیم کے متعلق احکام کو خود جاری فرماتا ہے۔

مِنْ اَهْلِ الْكِتٰبِ وَ لَا الْمُشْرِكِیْنَ اَنْ یُّنَزَّلَ عَلَیْكُمْ مِّنْ خَیْرٍ

مِنْ اَهْلِ الْكِتٰبِ	وَ	لَا	الْمُشْرِكِیْنَ	اَنْ	یُّنَزَّلَ	عَلَیْكُمْ	مِّنْ خَیْرٍ
اہلِ کتاب میں سے	اور	نہ	مشرک	کہ	نازل کی جائے	تمہارے اوپر	کوئی بھلائی

اور نہ ہی مشرک کہ تمہارے اوپر تمہارے رب کی طرف سے کوئی بھلائی اتاری جائے

مِّنْ رَّبِّكُمْ ؕ وَ اللّٰهُ یَخْتَصُّ بِرَحْمَتِهٖ مَنْ

مِّنْ	رَّبِّكُمْ	وَ	اللّٰهُ	یَخْتَصُّ	بِرَحْمَتِهٖ	مَنْ
کی طرف سے	تمہارے رب	اور (حالانکہ)	اللہ	خاص فرماتا ہے	اپنی رحمت کے ساتھ	جسے

حالانکہ اللہ جسے چاہتا ہے اپنی رحمت کے ساتھ خاص فرمالیتا ہے

یَّشَآءُ ؕ وَ اللّٰهُ ذُو الْفَضْلِ الْعَظِیْمِ ﴿۱۰۵﴾ مَا نَنْسَخْ مِنْ اٰیَةٍ اَوْ

یَّشَآءُ	وَ	اللّٰهُ	ذُو الْفَضْلِ الْعَظِیْمِ ﴿۱۰۵﴾	مَا	نَنْسَخْ (1)	مِنْ اٰیَةٍ	اَوْ
چاہے	اور	اللہ	بڑے فضل والا (ہے)	جو (جب)	ہم منسوخ کرتے ہیں	کوئی آیت	یا

اور اللہ بڑے فضل والا ہے ○ جب ہم کوئی آیت منسوخ کرتے ہیں یا

نُنْسِهَا نَاْتِ بِخَیْرٍ مِّنْهَاۤ اَوْ مِثْلِهَا ؕ اَلَمْ تَعْلَمْ

نُنْسِهَا	نَاْتِ	بِخَیْرٍ	مِّنْهَاۤ	اَوْ	مِثْلِهَا	اَلَمْ تَعْلَمْ
بھلا دیتے ہیں اسے	(تو) ہم لے آتے ہیں	بہتر، اچھی	اس (آیت) سے	یا	اس کی مثل	کیا تجھے معلوم نہیں

لوگوں کو بھلا دیتے ہیں تو اس سے بہتر یا اس جیسی اور آیت لے آتے ہیں۔ (اے مخاطب!) کیا تجھے معلوم نہیں

اَنَّ اللّٰهَ عَلٰى كُلِّ شَیْءٍ قَدِیْرٌ ﴿۱۰۶﴾ اَلَمْ تَعْلَمْ اَنَّ

اَنَّ	اللّٰهَ	عَلٰى كُلِّ شَیْءٍ	قَدِیْرٌ ﴿۱۰۶﴾	اَلَمْ تَعْلَمْ	اَنَّ
کہ، بیشک	اللہ	ہر چیز پر	قادر (ہے)	کیا تجھے معلوم نہیں	کہ، بیشک

کہ اللہ ہر شے پر قادر ہے ○ کیا تجھے معلوم نہیں کہ

عنوان: شرعی احکام منسوخ ہونے کا ثبوت

(1)...... نسخ کا معنیٰ ہے: سابقہ حکم کو کسی بعد والی دلیل شرعی سے اٹھا دینا اور یہ حقیقت میں سابقہ حکم کی مدت کی انتہاء کا بیان ہوتا ہے۔

اللّٰهَ لَهٗ مُلْكُ السَّمٰوٰتِ وَالْاَرْضِ ؕ وَمَا لَكُمْ مِّنْ

اللّٰهَ	لَهٗ	مُلْكُ السَّمٰوٰتِ	وَ	الْاَرْضِ	وَ	مَا	لَكُمْ	مِّنْ
اللہ	اس کے لئے	آسمانوں کی بادشاہی	اور	زمین (کی)	اور	نہیں	تمہارے لئے	سے

آسمانوں اور زمین کی بادشاہی اللہ ہی کے لئے ہے اور

دُوْنِ اللّٰهِ مِنْ وَّلِيٍّ وَّلَا نَصِيْرٍ ﴿۱۰۷﴾ اَمْ تُرِيْدُوْنَ اَنْ

دُوْنِ اللّٰهِ (1)	مِنْ وَّلِيٍّ	وَّ	لَا	نَصِيْرٍ ﴿۱۰۷﴾	اَمْ	تُرِيْدُوْنَ	اَنْ
اللہ کے علاوہ (مقابلے میں)	کوئی ولی، حمایتی، دوست	اور	نہ	مددگار	کیا	تم چاہتے ہو	کہ

اللہ کے مقابلے میں تمہارا نہ کوئی حمایتی ہے اور نہ ہی مددگار ۝ کیا تم یہ چاہتے ہو کہ

تَسْـَٔلُوْا رَسُوْلَكُمْ كَمَا سُئِلَ مُوْسٰى مِنْ قَبْلُ ؕ وَ

تَسْـَٔلُوْا	رَسُوْلَكُمْ	كَمَا	سُئِلَ	مُوْسٰى	مِنْ قَبْلُ	وَ
سوال کرو	اپنے رسول (سے)	جیسا کہ	سوال کیا گیا	موسیٰ (سے)	(اس) سے پہلے	اور

تم اپنے رسول سے ویسے ہی سوال کرو جیسے اس سے پہلے موسیٰ سے کئے گئے اور

مَنْ يَّتَبَدَّلِ الْكُفْرَ بِالْاِيْمَانِ فَقَدْ ضَلَّ

مَنْ	يَّتَبَدَّلِ	الْكُفْرَ	بِالْاِيْمَانِ	فَقَدْ	ضَلَّ
جو	بدلے میں لے، اختیار کرے	کفر	ایمان کے بدلے	تو تحقیق، بیشک	وہ بھٹک گیا

جو ایمان کے بدلے کفر اختیار کرے تو وہ سیدھے راستے سے

سَوَآءَ السَّبِيْلِ ﴿۱۰۸﴾ وَدَّ كَثِيْرٌ مِّنْ اَهْلِ الْكِتٰبِ لَوْ يَرُدُّوْنَكُمْ

سَوَآءَ السَّبِيْلِ ﴿۱۰۸﴾	وَدَّ	كَثِيْرٌ	مِّنْ اَهْلِ الْكِتٰبِ	لَوْ	يَرُدُّوْنَكُمْ
ٹھیک، سیدھے راستے (سے)	چاہتے ہیں	بہت (لوگ)	اہلِ کتاب میں سے	کاش	وہ پھیر دیں تمہیں

بھٹک گیا ۝ اہلِ کتاب میں سے بہت سے لوگوں

عنوان

نبی اکرم صَلَّی اللّٰہُ عَلَیْہِ وَسَلَّم سے لایعنی سوالات کرنے پر یہودیوں کو تنبیہ

اسلام کی حقانیت جاننے کے بعد یہودیوں کا مسلمانوں کے کافر و مرتد ہونے کی تمنا کرنا

1 ......اللہ تعالیٰ کے مقابلے میں کوئی کسی کی مدد نہیں کر سکتا، ہاں اللہ تعالیٰ کی اجازت اور اختیار دینے سے مدد ہو سکتی ہے، قرآن و حدیث میں اس کی کئی مثالیں موجود ہیں اور بزرگانِ دین کا مدد کرنا لاکھوں لوگوں کے تجربات اور تواتر سے ثابت ہے۔

مِّنْۢ بَعْدِ اِیْمَانِكُمْ كُفَّارًا ۚۖ حَسَدًا مِّنْ عِنْدِ

مِّنْ	بَعْدِ اِیْمَانِكُمْ	كُفَّارًا	حَسَدًا (1)	مِّنْ	عِنْدِ
سے	تمہارے ایمان کے بعد	کافر (ہونے کی حالت میں)	حسد (کی وجہ سے)	سے	موجود

نے اس کے بعد کہ ان پر حق خوب ظاہر ہو چکا ہے اپنے دلی حسد کی وجہ سے

اَنْفُسِهِمْ مِّنْۢ بَعْدِ مَا تَبَیَّنَ لَهُمُ الْحَقُّ ۚ فَاعْفُوْا

اَنْفُسِهِمْ	مِّنْ	بَعْدِ	مَا	تَبَیَّنَ	لَهُمُ	الْحَقُّ	فَاعْفُوْا
اپنے دلوں (میں)	سے	(اس کے) بعد	جو	ظاہر ہو گیا	ان کے لئے	حق	تو تم معاف کر دو

یہ چاہا کہ کاش وہ تمہیں ایمان کے بعد کفر کی طرف پھیر دیں۔ تو تم (انہیں) چھوڑ دو

وَاصْفَحُوْا حَتّٰى یَاْتِیَ اللّٰهُ بِاَمْرِهٖ ؕ اِنَّ اللّٰهَ عَلٰى كُلِّ شَیْءٍ

وَ	اصْفَحُوْا	حَتّٰى	یَاْتِیَ	اللّٰهُ	بِاَمْرِهٖ	اِنَّ	اللّٰهَ	عَلٰى كُلِّ شَیْءٍ
اور	درگزر کرو	یہاں تک کہ	لائے	اللہ	اپنا حکم	بیشک	اللہ	ہر چیز پر

اور (ان سے) درگزر کرتے رہو یہاں تک کہ اللہ اپنا حکم لائے بیشک اللہ ہر چیز پر

قَدِیْرٌ ﴿۱۰۹﴾ وَاَقِیْمُوا الصَّلٰوةَ وَاٰتُوا الزَّكٰوةَ ؕ وَمَا تُقَدِّمُوْا

قَدِیْرٌ ﴿۱۰۹﴾	وَ	اَقِیْمُوا	الصَّلٰوةَ	وَ	اٰتُوا	الزَّكٰوةَ	وَ	مَا	تُقَدِّمُوْا
قادر (ہے)	اور	قائم رکھو	نماز	اور	ادا کرو، دو	زکوٰۃ	اور	جو	تم آگے بھیجو

قادر ہے ○ اور نماز قائم رکھو اور زکوٰۃ دو اور

لِاَنْفُسِكُمْ مِّنْ خَیْرٍ تَجِدُوْهُ عِنْدَ اللّٰهِ ؕ اِنَّ اللّٰهَ بِمَا

لِاَنْفُسِكُمْ	مِّنْ	خَیْرٍ	تَجِدُوْهُ	عِنْدَ اللّٰهِ	اِنَّ	اللّٰهَ	بِمَا
اپنی جانوں کے لئے	کوئی	بھلائی	تم پاؤ گے اسے	اللہ کے پاس	بیشک	اللہ	(اس) کو جو

اپنی جانوں کے لئے جو بھلائی تم آگے بھیجو گے اسے اللہ کے یہاں پاؤ گے بیشک اللہ

عنوان نماز و زکوٰۃ اور محاسبہ اعمال کا حکم

(1)..... اس سے معلوم ہوا کہ حسد بہت بڑا عیب ہے اور اس کی وجہ سے انسان نہ صرف خود بھلائی سے رک جاتا ہے بلکہ دوسروں کو بھی بھلائی سے روکنے کی کوشش میں مصروف ہو جاتا ہے۔

تَعْمَلُوْنَ بَصِيْرٌ ﴿۱۱۰﴾ وَقَالُوْا لَنْ يَّدْخُلَ الْجَنَّةَ اِلَّا

تَعْمَلُوْنَ	بَصِيْرٌ ﴿۱۱۰﴾	وَ	قَالُوْا	لَنْ يَّدْخُلَ	الْجَنَّةَ	اِلَّا
تم عمل کرتے ہو	دیکھ رہا ہے	اور	انہوں نے کہا	ہر گز نہیں داخل ہو گا	جنت (میں)	مگر

تمہارے سب کام دیکھ رہا ہے ○ اور اہلِ کتاب نے کہا: ہر گز جنت میں داخل نہ ہو گا مگر

مَنْ كَانَ هُوْدًا اَوْ نَصٰرٰى ؕ تِلْكَ اَمَانِيُّهُمْ ؕ قُلْ هَاتُوْا

مَنْ	كَانَ	هُوْدًا	اَوْ	نَصٰرٰى	تِلْكَ	اَمَانِيُّهُمْ	قُلْ	هَاتُوْا
وہ جو	ہو	یہودی	یا	عیسائی	یہ	ان کی من گھڑت تمنائیں (ہیں)	تم کہو	لاؤ

وہی جو یہودی ہو یا عیسائی۔ یہ ان کی من گھڑت تمنائیں ہیں۔ تم فرمادو:

بُرْهَانَكُمْ اِنْ كُنْتُمْ صٰدِقِيْنَ ﴿۱۱۱﴾ بَلٰى ۗ مَنْ اَسْلَمَ وَجْهَهٗ لِلّٰهِ

بُرْهَانَكُمْ	اِنْ	كُنْتُمْ	صٰدِقِيْنَ ﴿۱۱۱﴾	بَلٰى	مَنْ	اَسْلَمَ	وَجْهَهٗ	لِلّٰهِ
اپنی دلیل	اگر	تم ہو	سچے	کیوں نہیں	جو	جھکادے	اپنا چہرہ	اللہ کے لئے

اگر تم سچے ہو تو اپنی دلیل لاؤ ○ ہاں کیوں نہیں؟ جس نے اپنا چہرہ اللہ کے لئے جھکا دیا

وَهُوَ مُحْسِنٌ فَلَهٗۤ اَجْرُهٗ عِنْدَ رَبِّهٖ ۪ وَلَا

وَ	هُوَ	مُحْسِنٌ	فَلَهٗ	اَجْرُهٗ	عِنْدَ رَبِّهٖ (1)	وَ	لَا
اور	وہ	(ہو) نیکی کرنے والا	تو اس کے لئے	اس کا اجر	اس کے رب کے پاس	اور	نہیں

اور وہ نیکی کرنے والا بھی ہو تو اس کا اجر اس کے رب کے پاس ہے اور

خَوْفٌ عَلَيْهِمْ وَلَا هُمْ يَحْزَنُوْنَ ﴿۱۱۲﴾ ع وَقَالَتِ الْيَهُوْدُ لَيْسَتِ

خَوْفٌ	عَلَيْهِمْ	وَ	لَا	هُمْ	يَحْزَنُوْنَ ﴿۱۱۲﴾	وَ	قَالَتِ	الْيَهُوْدُ	لَيْسَتِ
کوئی خوف	ان پر	اور	نہ	وہ	غمگین ہوں گے	اور	کہا	یہودیوں (نے)	نہیں ہیں

ان پر نہ کوئی خوف ہو گا اور نہ وہ غمگین ہوں گے ○ اور یہودیوں نے کہا:

عنوان: یہودو نصاریٰ کی جنت کے متعلق خوش فہمیاں اور جنتی ہونے کے بارے میں قانونِ الٰہی | یہودو نصاریٰ کی ایک دوسرے کے بارے میں رائے

1 ...... جنت میں داخلے کا حقیقی معیار ایمانِ صحیح اور عمل صالح ہے اور کسی بھی زمانے اور کسی بھی نسل و قوم کا آدمی اگر صحیح ایمان و عمل رکھتا ہے تو وہ جنت میں جائے گا۔ البتہ یہ یاد رہے کہ نبی کریم صَلَّی اللّٰہُ عَلَیْہِ وَسَلَّم کے اعلانِ نبوت کے بعد آپ کی نبوت نہ ماننے والے کا ایمان قطعاً صحیح نہیں ہو سکتا اور کوئی بھی عمل ایمان کے بغیر صالح نہیں ہو سکتا۔

النَّصٰرٰى عَلٰى شَیْءٍ وَّ قَالَتِ النَّصٰرٰى لَیْسَتِ الْیَهُوْدُ عَلٰى شَیْءٍ

النَّصٰرٰى	عَلٰى شَیْءٍ	وَّ	قَالَتِ	النَّصٰرٰى	لَیْسَتِ	الْیَهُوْدُ	عَلٰى شَیْءٍ
عیسائی	کسی چیز پر	اور	کہا	عیسائیوں (نے)	نہیں ہیں	یہودی	کسی چیز پر

عیسائی کسی شے پر نہیں اور عیسائیوں نے کہا: یہودی کسی شے پر نہیں

وَّ هُمْ یَتْلُوْنَ الْكِتٰبَ كَذٰلِكَ قَالَ الَّذِیْنَ

وَّ	هُمْ	یَتْلُوْنَ	الْكِتٰبَ	كَذٰلِكَ	قَالَ	الَّذِیْنَ
اور (حالانکہ)	وہ	تلاوت کرتے، پڑھتے ہیں	کتاب	اسی طرح	کہا	ان لوگوں نے جو

حالانکہ یہ کتاب پڑھتے ہیں اسی طرح جاہلوں نے

لَا یَعْلَمُوْنَ مِثْلَ قَوْلِهِمْ فَاللّٰهُ یَحْكُمُ بَیْنَهُمْ

لَا یَعْلَمُوْنَ	مِثْلَ قَوْلِهِمْ	فَاللّٰهُ	یَحْكُمُ	بَیْنَهُمْ
نہیں جانتے ہیں	ان (پہلوں) کے قول کی مثل	تو اللہ	فیصلہ کردے گا	ان کے درمیان

ان (پہلوں) جیسی بات کہی تو اللہ قیامت کے دن ان میں

یَوْمَ الْقِیٰمَةِ فِیْمَا كَانُوْا فِیْهِ یَخْتَلِفُوْنَ ﴿۱۱۳﴾ وَ مَنْ

یَوْمَ الْقِیٰمَةِ	فِیْمَا	كَانُوْا	فِیْهِ	یَخْتَلِفُوْنَ ﴿۱۱۳﴾	وَ	مَنْ
قیامت کے دن	(اس) میں جو	وہ ہیں	اس میں	اختلاف کررہے، جھگڑ رہے ہیں	اور	کون (ہے)

اس بات کا فیصلہ کردے گا جس میں یہ جھگڑ رہے ہیں ○ اور

اَظْلَمُ مِمَّنْ مَّنَعَ مَسٰجِدَ اللّٰهِ اَنْ یُّذْكَرَ

اَظْلَمُ	مِمَّنْ	مَّنَعَ	مَسٰجِدَ اللّٰهِ	اَنْ	یُّذْكَرَ (1)
زیادہ ظالم	(اس) سے جو	منع کرے، روکے	اللہ کی مسجدوں (کو)	کہ	ذکر کیا جائے، یاد کیا جائے

اس سے بڑھ کر ظالم کون ہوگا جو اللہ کی مسجدوں کو اس بات سے روکے

عنوان: مسجدوں میں نماز سے روکنا اور ان کی ویرانی کی کوشش کرنا بڑا ظلم ہے

(1)...... ذکر اللہ کو منع کرنا ہر جگہ ہی بُرا ہے لیکن مسجدوں میں خصوصاً زیادہ بُرا ہے کہ وہ تو اسی کام کے لیے بنائی جاتی ہیں۔

فِيْهَا اسْمُهٗ وَسَعٰى فِيْ خَرَابِهَا ؕ اُولٰٓىِٕكَ مَا كَانَ

فِيْهَا	اسْمُهٗ	وَ	سَعٰى	فِيْ خَرَابِهَا (1)	اُولٰٓىِٕكَ	مَا	كَانَ
ان (مساجد) میں	اس کا نام	اور	کوشش کرے	اس کی ویرانی، خرابی میں	یہ لوگ	نہیں	تھا

کہ ان میں اللہ کا نام لیا جائے اور ان کو ویران کرنے کی کوشش کرے۔ انہیں

لَهُمْ اَنْ يَّدْخُلُوْهَاۤ اِلَّا خَآىِٕفِيْنَ ؕ۬ لَهُمْ

لَهُمْ	اَنْ	يَّدْخُلُوْهَاۤ	اِلَّا	خَآىِٕفِيْنَ	لَهُمْ
ان کے لئے	کہ	داخل ہوں ان (مسجدوں) میں	مگر	ڈرنے والے (ڈرتے ہوئے)	ان کے لئے

مسجدوں میں داخل ہونا مناسب نہ تھا مگر ڈرتے ہوئے۔ ان کے لئے

فِي الدُّنْيَا خِزْيٌ وَّ لَهُمْ فِي الْاٰخِرَةِ عَذَابٌ عَظِيْمٌ ﴿۱۱۴﴾ وَ لِلّٰهِ

فِي الدُّنْيَا	خِزْيٌ	وَّ	لَهُمْ	فِي الْاٰخِرَةِ	عَذَابٌ	عَظِيْمٌ ﴿۱۱۴﴾	وَ	لِلّٰهِ
دنیا میں	رسوائی	اور	ان کے لئے	آخرت میں	عذاب	بڑا	اور	اللہ کے لئے

دنیا میں رسوائی ہے اور ان کے لئے آخرت میں بڑا عذاب ہے ○ اور مشرق و مغرب

الْمَشْرِقُ وَ الْمَغْرِبُ ۗ فَاَيْنَمَا تُوَلُّوْا فَثَمَّ وَجْهُ اللّٰهِ ؕ اِنَّ

الْمَشْرِقُ	وَ	الْمَغْرِبُ	فَاَيْنَمَا	تُوَلُّوْا	فَثَمَّ	وَجْهُ اللّٰهِ (2)	اِنَّ
مشرق	اور	مغرب	تو جس طرف	تم منہ کرو	پس وہیں	وجہ اللہ (اللہ کی رحمت)	بیشک

سب اللہ ہی کا ہے تو تم جدھر منہ کرو ادھر ہی اللہ کی رحمت تمہاری طرف متوجہ ہے۔ بیشک

اللّٰهَ وَاسِعٌ عَلِيْمٌ ﴿۱۱۵﴾ وَ قَالُوا اتَّخَذَ اللّٰهُ وَلَدًا ۙ

اللّٰهَ	وَاسِعٌ	عَلِيْمٌ ﴿۱۱۵﴾	وَ	قَالُوا	اتَّخَذَ	اللّٰهُ	وَلَدًا
اللہ	وسعت والا	علم والا	اور	انہوں نے کہا	بنالی، اختیار کرلی	اللہ (نے)	اولاد

اللہ وسعت والا علم والا ہے ○ اور مشرکوں نے کہا: اللہ نے اپنے لئے اولاد بنا رکھی ہے،

عنوان قبلہ کسی بھی طرف ہو، عبادت صرف اللہ ہی کی ہے | اللہ تعالیٰ کی طرف اولاد کی نسبت کارد

(1)...... مسجد کو کسی بھی طرح ویران کرنے والا ظالم ہے۔ اس سے متعلق مزید تفصیل جاننے کے لئے تفسیر صراط الجنان، ج1، ص194 پر مذکور کلام ملاحظہ فرمائیں۔

(2)...... وجہ اللہ کا لغوی ترجمہ "اللہ کا چہرہ" ہے اللہ تعالیٰ مخلوق جیسے چہرے سے پاک ہے لہٰذا یہ متشابہات میں سے ہے، اس کی مراد اللہ تعالیٰ ہی بہتر جانتا ہے۔

سُبْحٰنَهٗ ؕ بَلْ لَّهٗ مَا فِی السَّمٰوٰتِ وَ الْاَرْضِ ؕ كُلٌّ

سُبْحٰنَهٗ	بَلْ	لَّهٗ	مَا	فِی	السَّمٰوٰتِ	وَ	الْاَرْضِ	كُلٌّ
وہ (اس سے) پاک (ہے)	بلکہ	اس کے لئے	جو	میں	آسمانوں	اور	زمین	سب

وہ پاک ذات ہے بلکہ جو کچھ آسمانوں اور زمین میں ہے سب اسی کی ملکیت میں ہے۔ سب

لَّهٗ قٰنِتُوْنَ ﴿۱۱۶﴾ بَدِیْعُ السَّمٰوٰتِ وَ الْاَرْضِ ؕ وَ اِذَا

لَّهٗ	قٰنِتُوْنَ ﴿۱۱۶﴾	بَدِیْعُ (1)	السَّمٰوٰتِ	وَ	الْاَرْضِ	وَ	اِذَا
اس کے لئے	اطاعت کرنے والے	نیا پیدا کرنے والا	آسمان	اور	زمین	اور	جب

اس کے حضور گردن جھکائے ہوئے ہیں ○ (وہ) بغیر کسی سابقہ مثال کے آسمانوں اور زمین کو نیا پیدا کرنے والا ہے اور

قَضٰۤی اَمْرًا فَاِنَّمَا یَقُوْلُ لَهٗ كُنْ فَیَكُوْنُ ﴿۱۱۷﴾

قَضٰۤی	اَمْرًا	فَاِنَّمَا	یَقُوْلُ	لَهٗ	كُنْ	فَیَكُوْنُ ﴿۱۱۷﴾ (2)
وہ فیصلہ کرتا ہے	کسی کام (کا)	تو صرف	فرماتا ہے	اس سے	ہو جا	تو وہ ہو جاتا ہے

جب وہ کسی کام (کو وجود میں لانے) کا فیصلہ فرماتا ہے تو اس سے صرف یہ فرماتا ہے کہ "ہو جا" تو وہ فوراً ہو جاتا ہے ○

وَ قَالَ الَّذِیْنَ لَا یَعْلَمُوْنَ لَوْ لَا یُكَلِّمُنَا اللّٰهُ اَوْ

وَ	قَالَ	الَّذِیْنَ	لَا یَعْلَمُوْنَ	لَوْ لَا	یُكَلِّمُنَا	اللّٰهُ	اَوْ
اور	کہا	ان لوگوں نے جو	نہیں جانتے	کیوں نہیں	کلام کرتا ہم سے	اللہ	یا

اور جاہلوں نے کہا: اللہ ہم سے کیوں نہیں کلام کرتا یا

تَاْتِیْنَاۤ اٰیَةٌ ؕ كَذٰلِكَ قَالَ الَّذِیْنَ مِنْ قَبْلِهِمْ

تَاْتِیْنَاۤ	اٰیَةٌ	كَذٰلِكَ	قَالَ	الَّذِیْنَ	مِنْ	قَبْلِهِمْ
(کیوں نہیں) ہمارے پاس آتی	کوئی نشانی	اسی طرح	کہا	ان لوگوں نے جو	سے	ان سے پہلے

ہمارے پاس کوئی نشانی کیوں نہیں آجاتی۔ ان سے پہلے لوگوں نے بھی

عنوان: اللہ تعالیٰ کا ارادہ قطعی طور پر نافذ ہے — یہودیوں کے اللہ تعالیٰ سے ہم کلامی کے مطالبے کارد

1 ..... بدیع کا معنیٰ ہے کسی چیز کو بغیر کسی سابقہ مثال کے نئے طور پر بنانے والا۔ اللہ تعالیٰ کے آسمانوں اور زمین کو پیدا کرنے سے پہلے نہ کوئی آسمان تھا اور نہ زمین تو اللہ تعالیٰ نئے طور پر اسے عدم سے وجود میں لایا۔

2 ..... یاد رہے کہ اللہ تعالیٰ کسی بھی کام میں کسی کا محتاج نہیں اور اللہ تعالیٰ کا مختلف کاموں کے لئے فرشتوں کو مقرر کرنا حکمت ہے حاجت نہیں۔

مِّثْلَ قَوْلِهِمْ ؕ تَشَابَهَتْ قُلُوْبُهُمْ ؕ قَدْ

مِّثْلَ	قَوْلِهِمْ	تَشَابَهَتْ (1)	قُلُوْبُهُمْ	قَدْ
مثل، طرح	ان کے قول (کی)	آپس میں ایک جیسے ہو گئے	ان کے دل	تحقیق، بیشک

ایسی ہی بات کہی تھی تو اِن کے دل آپس میں ایک جیسے ہو گئے۔ بیشک

بَیَّنَّا الْاٰیٰتِ لِقَوْمٍ یُّوْقِنُوْنَ ﴿۱۱۸﴾ اِنَّاۤ

بَیَّنَّا	الْاٰیٰتِ	لِقَوْمٍ	یُّوْقِنُوْنَ ﴿۱۱۸﴾	اِنَّاۤ
ہم نے بیان کر دیں	نشانیاں	(اس) قوم کے لئے (جو)	یقین کرتے ہیں	(اے حبیب) بیشک

ہم نے یقین کرنے والوں کے لئے نشانیاں کھول کر بیان کر دیں ○ اے حبیب! بیشک

اَرْسَلْنٰكَ بِالْحَقِّ بَشِیْرًا وَّ نَذِیْرًا ۙ وَّ

اَرْسَلْنٰكَ	بِالْحَقِّ	بَشِیْرًا	وَّ	نَذِیْرًا	وَّ
ہم نے بھیجا تمہیں	حق کے ساتھ	بشارت دینے والا	اور	ڈرانے والا	اور

ہم نے تمہیں حق کے ساتھ خوشخبری دینے والا اور ڈر کی خبریں دینے والا بنا کر بھیجا اور

لَا تُسْئَلُ عَنْ اَصْحٰبِ الْجَحِیْمِ ﴿۱۱۹﴾ وَ

لَا تُسْئَلُ	عَنْ	اَصْحٰبِ الْجَحِیْمِ ﴿۱۱۹﴾	وَ
تم سے سوال نہیں کیا جائے گا	سے متعلق (کے بارے)	جہنم والوں	اور

آپ سے جہنمیوں کے بارے میں سوال نہیں کیا جائے گا ○ اور

لَنْ تَرْضٰى عَنْكَ الْیَهُوْدُ وَ لَا النَّصٰرٰى حَتّٰى تَتَّبِعَ

لَنْ تَرْضٰى	عَنْكَ	الْیَهُوْدُ	وَ	لَا	النَّصٰرٰى (2)	حَتّٰى	تَتَّبِعَ
ہر گز راضی نہیں ہوں گے	تم سے	یہودی	اور	نہ	عیسائی	یہاں تک کہ	تم پیروی کرو

یہودی اور عیسائی ہر گز آپ سے راضی نہ ہوں گے جب تک آپ ان کے دین کی

عنوان: تبلیغ کے باوجود لوگوں کے ایمان نہ لانے پر حضور اقدس صَلَّی اللّٰہُ عَلَیْہِ وَسَلَّم کو تسلی — یہودیوں اور عیسائیوں کی پیروی کی صورت میں عذاب الٰہی کی وعید

(1)...... کفار سے معاشرت، لباس اور وضع قطع میں بھی مشابہت کرنا منع ہے کہ ظاہر باطن کی علامت ہوتا ہے اور ظاہر کا باطن پر اثر ہوتا ہے۔ لہٰذا کفار کے طور طریقے سے بالکل دوری اختیار کی جائے تاکہ ان کا ظاہر مسلمان کے باطن کو متاثر نہ کرے۔

(2)...... اس آیت سے یہ بھی سمجھ آتا ہے کہ کفار بحیثیتِ مجموعی مسلمانوں سے کبھی راضی نہیں ہو سکتے اگرچہ ظاہری طور پر کبھی حالات مختلف ہو جائیں۔ افسوس کہ ہزاروں تجربات کے بعد بھی مسلمان سبق نہیں سیکھتے۔

مِلَّتَهُمْ ؕ قُلْ اِنَّ هُدَى اللّٰهِ هُوَ الْهُدٰى ؕ وَلَىٕنِ

مِلَّتَهُمْ	قُلْ	اِنَّ	هُدَى اللّٰهِ	هُوَ	الْهُدٰى	وَ	لَىٕنِ
ان کے دین (کی)	تم کہو	بیشک	اللہ کی ہدایت	وہ	ہدایت	اور	البتہ اگر

پیروی نہ کرلیں۔ تم فرمادو: اللہ کی ہدایت ہی حقیقی ہدایت ہے اور (اے مخاطب!) اگر

اتَّبَعْتَ اَهْوَآءَهُمْ بَعْدَ الَّذِیْ جَآءَكَ مِنَ

اتَّبَعْتَ (1)	اَهْوَآءَهُمْ	بَعْدَ	الَّذِیْ	جَآءَكَ	مِنَ
تم نے پیروی کی (اے مخاطب)	ان کی خواہشات (کی)	بعد	(اس کے) جو	آیا تیرے پاس	سے

تیرے پاس علم آجانے کے بعد بھی توان کی خواہشات کی پیروی کرے گا

الْعِلْمِ ۙ مَا لَكَ مِنَ اللّٰهِ مِنْ وَّلِیٍّ وَّلَا نَصِیْرٍ ﴿۱۲۰﴾

الْعِلْمِ	مَا	لَكَ	مِنَ اللّٰهِ	مِنْ	وَّلِیٍّ	وَّ	لَا	نَصِیْرٍ ﴿۱۲۰﴾
علم	نہیں	تیرے لئے	اللہ سے (کے مقابلے میں)	سے	دوست	اور	نہ	مددگار

توتجھے اللہ سے کوئی بچانے والا نہ ہوگا اور نہ کوئی مددگار ہوگا ○

اَلَّذِیْنَ اٰتَیْنٰهُمُ الْكِتٰبَ یَتْلُوْنَهٗ حَقَّ

اَلَّذِیْنَ	اٰتَیْنٰهُمُ	الْكِتٰبَ	یَتْلُوْنَهٗ	حَقَّ
وہ لوگ جو	ہم نے دی انہیں	کتاب	وہ تلاوت کرتے ہیں اس کی	(جیسے) حق (ہے)

وہ لوگ جنہیں ہم نے کتاب دی ہے تووہ اس کی تلاوت کرتے ہیں جیسا

تِلَاوَتِهٖ ؕ اُولٰٓىٕكَ یُؤْمِنُوْنَ بِهٖ ؕ وَمَنْ یَّكْفُرْ بِهٖ

تِلَاوَتِهٖ (2)	اُولٰٓىٕكَ	یُؤْمِنُوْنَ	بِهٖ	وَ	مَنْ	یَّكْفُرْ	بِهٖ
اس کی تلاوت (کا)	یہ لوگ	ایمان رکھتے ہیں	اس پر	اور	جو	انکار کرے	اس کا

تلاوت کرنے کا حق ہے یہی لوگ اس پر ایمان رکھتے ہیں اور جو اس کا انکار کریں

عنوان کتابُ اللہ کی تلاوت کما حقہ کرنے والے

(1)...... یہاں خطاب نبی کریم صَلَّی اللّٰہُ عَلَیْہِ وَسَلَّم سے نہیں بلکہ اِس آیت کو سننے والے ہر مخاطب سے ہے یا پھر بظاہر خطاب نبی کریم صَلَّی اللّٰہُ عَلَیْہِ وَسَلَّم سے ہے اور مراد آپ کی اُمت ہے کیونکہ آپ اہلِ کتاب کی خواہشات کی پیروی نہیں کرسکتے۔

(2)...... اس سے یہ بھی معلوم ہوا کہ کتابُ اللہ کے بہت سے حقوق بھی ہیں۔ قرآن کا حق یہ ہے کہ اس کی تعظیم کی جائے، اس سے محبت کی جائے، اس کی تلاوت کی جائے، اسے سمجھا جائے، اس پر ایمان رکھا جائے، اس پر عمل کیا جائے اور اسے دوسروں تک پہنچایا جائے۔

فَاُولٰٓئِكَ هُمُ الْخٰسِرُوْنَ ﴿۱۲۱﴾ ع يٰبَنِيْٓ اِسْرَآءِيْلَ اذْكُرُوْا

فَاُولٰٓئِكَ	هُمُ	الْخٰسِرُوْنَ ﴿۱۲۱﴾	يٰبَنِيْٓ	اِسْرَآءِيْلَ	اذْكُرُوْا
تو یہ لوگ	وہ	خسارہ پانے والے، نقصان اٹھانے والے (ہیں)	اے بیٹے، اولادِ	یعقوب	یاد کرو

تو وہی نقصان اٹھانے والے ہیں ۝ اے یعقوب کی اولاد! میرا احسان یاد کرو

نِعْمَتِيَ الَّتِيْٓ اَنْعَمْتُ عَلَيْكُمْ وَاَنِّيْ فَضَّلْتُكُمْ

نِعْمَتِيَ (1)	الَّتِيْٓ	اَنْعَمْتُ	عَلَيْكُمْ	وَ	اَنِّيْ	فَضَّلْتُكُمْ
میری نعمت، احسان	جو	میں نے انعام کیا	تم پر	اور	بیشک میں (نے)	فضیلت دی تمہیں

جو میں نے تم پر کیا اور وہ جو میں نے اس زمانہ کے سب لوگوں پر

عَلَى الْعٰلَمِيْنَ ﴿۱۲۲﴾ وَاتَّقُوْا يَوْمًا لَّا تَجْزِيْ نَفْسٌ عَنْ نَّفْسٍ

عَلَى	الْعٰلَمِيْنَ ﴿۱۲۲﴾	وَ	اتَّقُوْا	يَوْمًا	لَّا تَجْزِيْ	نَفْسٌ	عَنْ	نَّفْسٍ
پر	سارے جہان	اور	ڈرو	دن (سے)	بدلہ نہ دے گی	کوئی جان	سے	کسی جان

تمہیں فضیلت عطا فرمائی ۝ اور اس دن سے ڈرو جب کوئی جان کسی دوسری جان کی طرف سے

شَيْــًٔا وَّلَا يُقْبَلُ مِنْهَا عَدْلٌ وَّلَا تَنْفَعُهَا

شَيْــًٔا	وَّ	لَا يُقْبَلُ	مِنْهَا	عَدْلٌ	وَّ	لَا تَنْفَعُهَا
کچھ	اور	نہیں قبول کیا جائے گا	اس سے	بدلہ، معاوضہ	اور	نہیں نفع دے گی اسے

کوئی بدلہ نہ دے گی اور نہ اس سے کوئی معاوضہ لیا جائے گا اور نہ کافر کو سفارش

شَفَاعَةٌ وَّلَا هُمْ يُنْصَرُوْنَ ﴿۱۲۳﴾ وَاِذِ ابْتَلٰٓى اِبْرٰهٖمَ

شَفَاعَةٌ	وَّ	لَا	هُمْ	يُنْصَرُوْنَ ﴿۱۲۳﴾	وَ	اِذِ	ابْتَلٰٓى	اِبْرٰهٖمَ
شفاعت، سفارش	اور	نہ	وہ	مدد کئے جائیں گے	اور	جب	آزمایا	ابراہیم (کو)

نفع دے گی اور نہ ہی ان کی مدد کی جائے گی ۝ اور یاد کرو جب ابراہیم کو

عنوان: یہودیوں کو نعمتوں کی یاد دہانی اور انہیں فکرِ آخرت کا حکم | حضرت ابراہیم عَلَیْہِ السَّلَام کا امتحان، کامیابی اور صلہ

(1)......اللہ تعالیٰ کی نعمتوں کا چرچا کرنا، ذکر کرنا شکر کی ایک قسم ہے۔ لہٰذا حضور پر نور صَلَّی اللّٰہُ عَلَیْہِ وَسَلَّم کی ولادت مبارکہ کا تذکرہ کرنا یا اس کی محفل کرنا اسی قسم میں داخل ہے۔

رَبُّهٗ بِكَلِمٰتٍ فَاَتَمَّهُنَّ ؕ قَالَ اِنِّیْ

رَبُّهٗ	بِكَلِمٰتٍ	فَاَتَمَّهُنَّ	قَالَ	اِنِّیْ
اس کے رب (نے)	چند کلمات، باتوں سے	تو اس نے پورا کر دیا انہیں	(اللہ نے) فرمایا	بیشک میں

اس کے رب نے چند باتوں کے ذریعے آزمایا تو اس نے انہیں پورا کر دیا (اللہ نے) فرمایا: میں

جَاعِلُكَ لِلنَّاسِ اِمَامًا ؕ قَالَ وَمِنْ ذُرِّیَّتِیْ ؕ قَالَ

جَاعِلُكَ	لِلنَّاسِ	اِمَامًا (1)	قَالَ	وَ	مِنْ	ذُرِّیَّتِیْ	قَالَ
بنانے والا ہوں تمہیں	لوگوں کے لئے	امام، پیشوا	عرض کی	اور	سے	میری اولاد	فرمایا

تمہیں لوگوں کا پیشوا بنانے والا ہوں۔ (ابراہیم نے) عرض کی اور میری اولاد میں سے بھی۔ فرمایا:

لَا یَنَالُ عَهْدِی الظّٰلِمِیْنَ ﴿۱۲۴﴾ وَ اِذْ جَعَلْنَا الْبَیْتَ مَثَابَةً

لَا یَنَالُ	عَهْدِیْ	الظّٰلِمِیْنَ ﴿۱۲۴﴾	وَ	اِذْ	جَعَلْنَا	الْبَیْتَ	مَثَابَةً
نہیں پہنچتا	میرا عہد	ظالموں (کو)	اور	جب	ہم نے بنایا	(یہ) گھر	لوٹنے کی جگہ، مرجع

میرا عہد ظالموں کو نہیں پہنچتا ○ اور (یاد کرو) جب ہم نے اس گھر کو لوگوں کے لئے مرجع

لِّلنَّاسِ وَ اَمْنًا ؕ وَ اتَّخِذُوْا مِنْ مَّقَامِ اِبْرٰهٖمَ مُصَلًّی ؕ

لِّلنَّاسِ	وَ	اَمْنًا	وَ	اتَّخِذُوْا	مِنْ	مَّقَامِ اِبْرٰهٖمَ	مُصَلًّی (2)
لوگوں کے لئے	اور	امان	اور	تم بناؤ	سے	ابراہیم کے کھڑے ہونے کی جگہ	نماز کی جگہ

اور امان بنایا اور (اے مسلمانو!) تم ابراہیم کے کھڑے ہونے کی جگہ کو نماز کا مقام بناؤ

وَ عَهِدْنَاۤ اِلٰۤی اِبْرٰهٖمَ وَ اِسْمٰعِیْلَ اَنْ طَهِّرَا بَیْتِیَ

وَ	عَهِدْنَاۤ	اِلٰۤی	اِبْرٰهٖمَ	وَ	اِسْمٰعِیْلَ	اَنْ	طَهِّرَا	بَیْتِیَ
اور	ہم نے عہد لیا	سے	ابراہیم	اور	اسماعیل	کہ	تم دونوں صاف رکھو	میرا گھر

اور ہم نے ابراہیم و اسماعیل کو تاکید فرمائی کہ میرا گھر

عنوان: مسجد حرام کی خصوصیات اور اسے پاک صاف رکھنے کا حکم

1 ...... اس سے معلوم ہوا کہ شرعی احکام اور تکالیف اللہ تعالیٰ کی طرف سے آزمائش ہوتی ہیں اور جو اِن آزمائشوں میں پورا اترتا ہے وہ دنیا و آخرت کے انعامات کا مستحق قرار پاتا ہے۔

2 ...... اس سے معلوم ہوا کہ جس پتھر کو نبی کی قدم بوسی حاصل ہو جائے وہ عظمت والا ہو جاتا ہے۔ یہ بھی معلوم ہوا کہ نبی عَلَیْهِ السَّلَام کی تعظیم توحید کے منافی نہیں کیونکہ مقام ابراہیم کا احترام تو عین نماز میں ہوتا ہے۔

لِلطَّآىِٕفِيْنَ وَ الْعٰكِفِيْنَ وَ الرُّكَّعِ

الرُّكَّعِ	وَ	الْعٰكِفِيْنَ	وَ	لِلطَّآىِٕفِيْنَ
رکوع کرنے والوں	اور	اعتکاف کرنے والوں (کے لئے)	اور	طواف کرنے والوں کے لئے

طواف کرنے والوں اور اعتکاف کرنے والوں اور رکوع وسجود کرنے والوں کے لئے

السُّجُوْدِ ﴿۱۲۵﴾ وَ اِذْ قَالَ اِبْرٰهٖمُ رَبِّ اجْعَلْ

اجْعَلْ	رَبِّ	اِبْرٰهٖمُ	قَالَ	اِذْ	وَ	السُّجُوْدِ ﴿۱۲۵﴾ (1)
بنادے	اے میرے رب	ابراہیم (نے)	کہا، عرض کی	جب	اور	سجدہ کرنے والوں (کے لئے)

خوب پاک صاف رکھو○ اور یاد کرو جب ابراہیم نے عرض کی: اے میرے رب

هٰذَا بَلَدًا اٰمِنًا وَّ ارْزُقْ اَهْلَهٗ مِنَ الثَّمَرٰتِ مَنْ

مَنْ	مِنَ الثَّمَرٰتِ	اَهْلَهٗ (2)	ارْزُقْ	وَّ	اٰمِنًا	بَلَدًا	هٰذَا
جو	پھلوں سے	اس کے رہنے والوں (کو)	رزق دے	اور	امن والا	شہر (کو)	اس

اس شہر کو امن والا بنادے اور اس میں رہنے والے جو اللہ اور

اٰمَنَ مِنْهُمْ بِاللّٰهِ وَ الْيَوْمِ الْاٰخِرِ ؕ قَالَ وَ مَنْ

مَنْ	وَ	قَالَ	الْاٰخِرِ	الْيَوْمِ	وَ	بِاللّٰهِ	مِنْهُمْ	اٰمَنَ
جس نے	اور	فرمایا	آخرت (پر)	دن، روز	اور	اللہ پر	ان میں سے	ایمان لائے

آخرت کے دن پر ایمان رکھتے ہوں انہیں مختلف پھلوں کا رزق عطا فرما۔ (اللہ نے) فرمایا: اور جو

كَفَرَ فَاُمَتِّعُهٗ قَلِيْلًا ثُمَّ اَضْطَرُّهٗۤ اِلٰى

اِلٰى	اَضْطَرُّهٗۤ	ثُمَّ	قَلِيْلًا	فَاُمَتِّعُهٗ	كَفَرَ
کی طرف	میں مجبور کروں گا اسے	پھر	تھوڑا	تو میں نفع اٹھانے دوں گا اسے	کفر کیا

کافر ہو تو میں اسے بھی تھوڑی سی مدت کے لئے نفع اٹھانے دوں گا پھر اسے دوزخ کے عذاب کی طرف

عنوان مکہ مکرمہ کے لئے دعائے ابراہیمی

1 ...... اس سے معلوم ہوا کہ خانہ کعبہ اور مسجد حرام شریف کو حاجیوں، عمرہ کرنے والوں، طواف کرنے والوں، اعتکاف کرنے والوں اور نمازیوں کے لئے پاک وصاف رکھا جائے، یہی حکم مسجدوں کو پاک وصاف رکھنے کا ہے۔

2 ...... حضرت ابراہیم عَلَیْہِ السَّلَام نے خانہ کعبہ کے لئے رزق کی فراوانی کی دعا مانگی تھی، اس دعا کی قبولیت ہر شخص اپنی آنکھوں سے دیکھ سکتا ہے کہ دنیا بھر کے پھل اور کھانے یہاں بکثرت ملتے ہیں۔

عَذَابِ النَّارِؕ وَبِئْسَ الْمَصِيْرُ ﴿۱۲۶﴾ وَاِذْ يَرْفَعُ

عَذَابِ النَّارِ	وَ	بِئْسَ	الْمَصِيْرُ ﴿۱۲۶﴾	وَ	اِذْ	يَرْفَعُ
جہنم کے عذاب	اور	کیا ہی بری ہے	پلٹنے کی جگہ	اور	جب	بلند کررہے (تھے)

مجبور کردوں گا اور وہ پلٹنے کی بہت بری جگہ ہے ○ اور جب ابراہیم

اِبْرٰهٖمُ الْقَوَاعِدَ مِنَ الْبَيْتِ وَاِسْمٰعِيْلُؕ رَبَّنَا

اِبْرٰهٖمُ	الْقَوَاعِدَ	مِنَ	الْبَيْتِ (1)	وَ	اِسْمٰعِيْلُ	رَبَّنَا
ابراہیم	بنیادیں	سے (کی)	گھر	اور	اسماعیل	اے ہمارے رب

اور اسماعیل اس گھر کی بنیادیں بلند کررہے تھے (یہ دعا کرتے ہوئے) اے ہمارے رب!

تَقَبَّلْ مِنَّاؕ اِنَّكَ اَنْتَ السَّمِيْعُ الْعَلِيْمُ ﴿۱۲۷﴾ رَبَّنَا

تَقَبَّلْ	مِنَّا	اِنَّكَ	اَنْتَ	السَّمِيْعُ	الْعَلِيْمُ ﴿۱۲۷﴾	رَبَّنَا
قبول فرما	ہم سے	بیشک تو	تو	سننے والا	علم والا	اے ہمارے رب

ہم سے قبول فرما، بیشک تو ہی سننے والا جاننے والا ہے ○ اے ہمارے رب: اور ہم دونوں کو

وَاجْعَلْنَا مُسْلِمَيْنِ لَكَ وَمِنْ ذُرِّيَّتِنَاۤ

وَ	اجْعَلْنَا	مُسْلِمَيْنِ	لَكَ	وَ	مِنْ	ذُرِّيَّتِنَا
اور	ہمیں بنادے	اطاعت کرنے والے، فرمانبردار	تیرے لئے (تیری)	اور	سے	ہماری اولاد

اپنا فرمانبردار رکھ اور ہماری اولاد میں سے ایک ایسی امت بنا

اُمَّةً مُّسْلِمَةً لَّكَ۪ وَاَرِنَا مَنَاسِكَنَا وَ

اُمَّةً	مُّسْلِمَةً	لَّكَ	وَ	اَرِنَا	مَنَاسِكَنَا (2)	وَ
ایک امت	فرمانبردار	تیرے لئے (تیری)	اور	ہمیں دکھا	ہماری عبادت کے طریقے	اور

جو تیری فرمانبردار ہو اور ہمیں ہماری عبادت کے طریقے دکھادے اور

عنوان: تعمیرِ کعبہ اور حضرت ابراہیم و اسماعیل عَلَیْہِمَا السَّلَام کی دعائیں

(1)...... اس آیت سے معلوم ہوا کہ مسجدوں کی تعمیر نہایت اعلیٰ عبادت اور انبیاء کرام عَلَیْہِمُ السَّلَام کی سنت ہے۔

(2)...... معلوم ہوا کہ عبادت کے طریقے سیکھنا حضرت ابراہیم عَلَیْہِ السَّلَام کی سنت ہے۔ اس کے لئے دعا بھی کرنی چاہیے اور کوشش بھی۔

تُبْ عَلَیْنَا ۚ اِنَّكَ اَنْتَ التَّوَّابُ الرَّحِیْمُ ﴿۱۲۸﴾

تُبْ	عَلَیْنَا	اِنَّكَ	اَنْتَ	التَّوَّابُ	الرَّحِیْمُ ﴿۱۲۸﴾
رجوع فرما (اپنی رحمت سے)	ہم پر	بیشک تو	تو	بہت توبہ قبول کرنے والا	رحم فرمانے والا

ہم پر اپنی رحمت کے ساتھ رجوع فرما بیشک تو ہی بہت توبہ قبول کرنے والامہربان ہے ○

رَبَّنَا وَ ابْعَثْ فِیْهِمْ رَسُوْلًا مِّنْهُمْ یَتْلُوْا

رَبَّنَا	وَ	ابْعَثْ	فِیْهِمْ	رَسُوْلًا	مِّنْهُمْ	یَتْلُوْا
اے ہمارے رب	اور	بھیج	ان میں	ایک رسول	ان میں سے	وہ تلاوت کرے

اے ہمارے رب! اوران کے درمیان انہیں میں سے ایک رسول بھیج جو اِن پر

عَلَیْهِمْ اٰیٰتِكَ وَ یُعَلِّمُهُمُ الْكِتٰبَ وَ الْحِكْمَةَ

عَلَیْهِمْ	اٰیٰتِكَ	وَ	یُعَلِّمُهُمُ	الْكِتٰبَ	وَ	الْحِكْمَةَ (1)
ان پر	تیری آیتیں	اور	سکھائے انہیں	کتاب	اور	حکمت ، پختہ علم

تیری آیتوں کی تلاوت فرمائے اور انہیں تیری کتاب اور پختہ علم سکھائے

وَ یُزَكِّیْهِمْ ؕ اِنَّكَ اَنْتَ الْعَزِیْزُ الْحَكِیْمُ ﴿۱۲۹﴾ ع

وَ	یُزَكِّیْهِمْ	اِنَّكَ	اَنْتَ	الْعَزِیْزُ	الْحَكِیْمُ ﴿۱۲۹﴾
اور	وہ پاک کردے انہیں	بیشک تو	تو	عزت والا، غالب	حکمت والا

اور انہیں خوب پاکیزہ فرمادے۔ بیشک تو ہی غالب حکمت والا ہے ○

وَ مَنْ یَّرْغَبُ عَنْ مِّلَّةِ اِبْرٰهٖمَ اِلَّا مَنْ

وَ	مَنْ	یَّرْغَبُ	عَنْ	مِّلَّةِ اِبْرٰهٖمَ	اِلَّا	مَنْ
اور	کون	منہ پھیرے گا	سے	ابراہیم کے دین	مگر	جس نے

اور ابراہیم کے دین سے وہی منہ پھیرے گا جس نے

عنوان: حضور پرنور صَلَّی اللّٰہُ عَلَیْهِ وَسَلَّم کی تشریف آوری کے متعلق دعائے ابراہیمی — ملتِ ابراہیمی اور حضرت ابراہیم عَلَیْهِ السَّلَام کی عظمت

1 ...... اس آیت سے صحابۂ کرام عَلَیْهِمُ الرِّضْوَان کی بھی شان معلوم ہوئی کہ حضور اکرم صَلَّی اللّٰہُ عَلَیْهِ وَسَلَّم نے جن کو کتاب و حکمت سکھائی اور جنہیں پاک وصاف کیا ان کے اولین مصداق صحابہ ہی تو تھے۔ نیز یہ بھی معلوم ہوا کہ پورا قرآن آسان نہیں ورنہ اس کی تعلیم کے لئے حضور انور صَلَّی اللّٰہُ عَلَیْهِ وَسَلَّم نہ بھیجے جاتے۔ جو کہے کہ قرآن سمجھنا بہت آسان ہے اسے کسی بڑے عالم کے پاس لے جائیں، پندرہ منٹ میں حال ظاہر ہو جائے گا۔ یہ بھی معلوم ہوا کہ قرآن کے ساتھ حدیث کی بھی ضرورت ہے۔

سَفِهَ نَفْسَهٗ ؕ وَ لَقَدِ اصْطَفَيْنٰهُ فِي الدُّنْيَا ۚ

سَفِهَ	نَفْسَهٗ	وَ	لَقَدِ	اصْطَفَيْنٰهُ	فِي الدُّنْيَا
احمق بنالی	اپنی ذات	اور	ضرور، تحقیق، بیشک	ہم نے چن لیا اسے	دنیا میں

خود کو احمق بنا رکھا ہو اور بیشک ہم نے اسے دنیا میں چن لیا

وَ اِنَّهٗ فِي الْاٰخِرَةِ لَمِنَ الصّٰلِحِيْنَ ﴿۱۳۰﴾

وَ	اِنَّهٗ	فِي الْاٰخِرَةِ	لَمِنَ	الصّٰلِحِيْنَ ﴿۱۳۰﴾ (1)
اور	بیشک وہ	آخرت میں	ضرور میں سے	نیک لوگوں

اور بیشک وہ آخرت میں ہمارا خاص قرب پانے والوں میں سے ہے ○

اِذْ قَالَ لَهٗ رَبُّهٗٓ اَسْلِمْ ۙ قَالَ اَسْلَمْتُ

اِذْ	قَالَ	لَهٗ	رَبُّهٗٓ	اَسْلِمْ	قَالَ	اَسْلَمْتُ
جب	کہا	اس سے	اس کے رب (نے)	فرمانبرداری کر	عرض کی	میں نے فرمانبرداری کی

یاد کرو جب اس کے رب نے اسے فرمایا: فرمانبرداری کر، تو اس نے عرض کی: میں نے فرمانبرداری کی

لِرَبِّ الْعٰلَمِيْنَ ﴿۱۳۱﴾ وَ وَصّٰى بِهَآ اِبْرٰهٖمُ بَنِيْهِ وَ

لِرَبِّ الْعٰلَمِيْنَ ﴿۱۳۱﴾	وَ	وَصّٰى	بِهَآ	اِبْرٰهٖمُ	بَنِيْهِ	وَ
تمام جہانوں کو پالنے والے کی	اور	وصیت کی	اس کے ساتھ	ابراہیم (نے)	اپنے بیٹوں (کو)	اور

اس کی جو تمام جہانوں کا پالنے والا ہے ○ اور ابراہیم اور یعقوب نے اپنے بیٹوں کو اسی دین کی وصیت کی

يَعْقُوْبُ ؕ يٰبَنِيَّ اِنَّ اللّٰهَ اصْطَفٰى لَكُمُ الدِّيْنَ

يَعْقُوْبُ	يٰبَنِيَّ	اِنَّ	اللّٰهَ	اصْطَفٰى	لَكُمُ	الدِّيْنَ
یعقوب (نے)	اے میرے بیٹو	بیشک	اللہ (نے)	چن لیا	تمہارے لئے	دین (اسلام)

کہ اے میرے بیٹو! بیشک اللہ نے یہ دین تمہارے لئے چن لیا ہے

عنوان: حضرت ابراہیم اور یعقوب عَلَیْہِمَا السَّلَام کی اپنے بیٹوں کو دینِ حق پر ثابت قدمی کی وصیت

(1)...... معلوم ہوا کہ سچے دین کی پہچان ہے کہ وہ سلف صالحین کا دین ہو، یہ حضرات ہدایت کی دلیل ہیں، اللہ تعالیٰ نے حقانیت اسلام کی دلیل یہاں دی کہ وہ ملت ابراہیمی ہے۔

فَلَا تَمُوۡتُنَّ اِلَّا وَ اَنۡتُمۡ مُّسۡلِمُوۡنَ ؕ﴿۱۳۲﴾ اَمۡ كُنۡتُمۡ

فَلَا تَمُوۡتُنَّ	اِلَّا	وَ	اَنۡتُمۡ	مُّسۡلِمُوۡنَ ﴿۱۳۲﴾ (1)	اَمۡ	كُنۡتُمۡ
توتم ہرگز نہ مرنا	مگر	اور (اس حال میں کہ)	تم	مسلمان ہو	کیا	تم تھے

توتم ہرگز نہ مرنا مگر اس حال میں کہ تم مسلمان ہو○ (اے یہودیو!) کیا تم اس وقت موجود تھے

شُهَدَآءَ اِذۡ حَضَرَ يَعۡقُوۡبَ الۡمَوۡتُ ۙ اِذۡ

شُهَدَآءَ	اِذۡ	حَضَرَ	يَعۡقُوۡبَ	الۡمَوۡتُ	اِذۡ
حاضر، موجود	جب	قریب آئی	یعقوب (کے)	موت	جب

جب یعقوب کے وصال کا وقت آیا، جب

قَالَ لِبَنِيۡهِ مَا تَعۡبُدُوۡنَ مِنۡۢ بَعۡدِىۡ ؕ

قَالَ	لِبَنِيۡهِ	مَا	تَعۡبُدُوۡنَ	مِنۡۢ	بَعۡدِىۡ
انہوں نے کہا	اپنے بیٹوں سے	کس کی	تم عبادت کروگے	سے	میرے بعد

انہوں نے اپنے بیٹوں سے فرمایا: (اے بیٹو!) میرے بعد تم کس کی عبادت کروگے؟

قَالُوۡا نَعۡبُدُ اِلٰهَكَ وَاِلٰهَ اٰبَآٮِٕكَ

قَالُوۡا	نَعۡبُدُ	اِلٰهَكَ	وَ	اِلٰهَ اٰبَآٮِٕكَ
انہوں نے کہا	ہم عبادت کریں گے	آپ کے معبود (کی)	اور	آپ کے آباؤاجداد کے معبود (کی)

تو انہوں نے کہا: ہم آپ کے معبود اور آپ کے آباؤاجداد

اِبۡرٰهٖمَ وَاِسۡمٰعِيۡلَ وَاِسۡحٰقَ اِلٰهًا وَّاحِدًا ۚۖ

اِبۡرٰهٖمَ	وَ	اِسۡمٰعِيۡلَ	وَ	اِسۡحٰقَ	اِلٰهًا وَّاحِدًا
ابراہیم	اور	اسماعیل	اور	اسحاق (کا معبود)	ایک معبود

ابراہیم اور اسماعیل اور اسحاق کے معبود کی عبادت کریں گے جو ایک معبود ہے

عنوان: حضرت یعقوب عَلَيْهِ السَّلَام کی وصیت کی تفصیل

1 ...... اس سے معلوم ہوا کہ والدین کو صرف مال کے متعلق ہی وصیت نہیں کرنی چاہیے بلکہ اولاد کو عقائدِ صحیحہ، اعمالِ صالحہ، دین کی عظمت، دین پر استقامت، نیکیوں پر مداومت اور گناہوں سے دور رہنے کی وصیت بھی کرنی چاہیے۔

وَنَحْنُ لَهٗ مُسْلِمُوْنَ ﴿١٣٣﴾ تِلْكَ اُمَّةٌ قَدْ

وَ	نَحْنُ	لَهٗ	مُسْلِمُوْنَ ﴿١٣٣﴾	تِلْكَ	اُمَّةٌ	قَدْ
اور	ہم	اس کے لئے	اطاعت کرنے والے، فرمانبردار	وہ	ایک امت	تحقیق، بیشک

اور ہم اس کے فرمانبردار ہیں ○ وہ ایک امت ہے جو

خَلَتْ ۚ لَهَا مَا كَسَبَتْ وَلَكُمْ مَّا كَسَبْتُمْ ۚ

خَلَتْ	لَهَا	مَا	كَسَبَتْ	وَ	لَكُمْ	مَّا	كَسَبْتُمْ (1)
گزر چکی	اس کے لئے	وہ جو	اس نے کمایا	اور	تمہارے لئے	وہ جو	تم نے کمایا

گزر چکی ہے۔ ان کے اعمال ان کے لئے ہیں اور تمہارے اعمال تمہارے لئے ہیں

وَلَا تُسْـَٔلُوْنَ عَمَّا كَانُوْا يَعْمَلُوْنَ ﴿١٣٤﴾ وَ

وَ	لَا تُسْـَٔلُوْنَ	عَمَّا	كَانُوْا يَعْمَلُوْنَ ﴿١٣٤﴾	وَ
اور	تم سے نہیں پوچھا جائے گا	(اس کے) بارے جو	وہ عمل کرتے تھے	اور

اور تم سے اُن کے کاموں کے بارے میں نہیں پوچھا جائے گا ○ اور

قَالُوْا كُوْنُوْا هُوْدًا اَوْ نَصٰرٰى تَهْتَدُوْا ؕ

قَالُوْا	كُوْنُوْا	هُوْدًا	اَوْ	نَصٰرٰى	تَهْتَدُوْا
انہوں نے کہا	تم ہو جاؤ	یہودی	یا	عیسائی	ہدایت پا جاؤ گے

اہلِ کتاب نے کہا: یہودی یا نصرانی ہو جاؤ ہدایت پا جاؤ گے۔

قُلْ بَلْ مِلَّةَ اِبْرٰهٖمَ حَنِيْفًا ؕ وَمَا كَانَ مِنَ

قُلْ	بَلْ	مِلَّةَ اِبْرٰهٖمَ (2)	حَنِيْفًا	وَ	مَا كَانَ	مِنَ
تم کہو	بلکہ	ابراہیم کا دین	حق کی طرف مائل، ہر باطل سے جدا	اور	وہ نہ تھے	سے

تم فرماؤ: (ہر گز نہیں) بلکہ ہم تو ابراہیم کا دین اختیار کرتے ہیں جو ہر باطل سے جدا تھے اور وہ مشرکوں میں سے

عنوان: قانونِ عدل کے مطابق ہر ایک اپنے اعمال کی جزا و سزا پائے گا — ملت ابراہیمی کی پیروی کرنے کی تاکید

1 ...... اس سے معلوم ہوا کہ آخرت میں اپنے اعمال کام آئیں گے اور اگر عقیدہ خراب ہو تو کسی کو دوسرے کے عمل سے فائدہ نہ ہو گا۔

2 ...... اس سے معلوم ہوا کہ حضرت ابراہیم عَلَيْهِ السَّلَام کو رب تعالیٰ نے وہ مقبولیت عامہ بخشی ہے کہ ہر دین والا ان کی نسبت پر فخر کرتا ہے۔ اور یہ بھی معلوم ہوا کہ صرف بڑوں کی اولاد ہونا کافی نہیں جب تک بڑوں کے سے کام نہ کرے۔

الْمُشْرِكِيْنَ ﴿١٣٥﴾ قُوْلُوْۤا اٰمَنَّا بِاللّٰهِ وَ مَاۤ اُنْزِلَ

الْمُشْرِكِيْنَ ﴿١٣٥﴾	قُوْلُوْۤا	اٰمَنَّا	بِاللّٰهِ	وَ	مَاۤ	اُنْزِلَ
مشرکوں	تم کہو	ہم ایمان لائے	اللہ پر	اور	(اس پر) جو	نازل کیا گیا

نہ تھے ○ (اے مسلمانو!) تم کہو: ہم اللہ پر اور جو ہماری طرف نازل کیا گیا ہے اس پر ایمان

اِلَیْنَا وَ مَاۤ اُنْزِلَ اِلٰۤى اِبْرٰهٖمَ وَ اِسْمٰعِیْلَ وَ

اِلَیْنَا	وَ	مَاۤ	اُنْزِلَ	اِلٰۤى	اِبْرٰهٖمَ	وَ	اِسْمٰعِیْلَ	وَ
ہماری طرف	اور	جو	نازل کیا گیا	کی طرف	ابراہیم	اور	اسماعیل	اور

لائے اور اس پر جو ابراہیم اور اسماعیل اور

اِسْحٰقَ وَ یَعْقُوْبَ وَ الْاَسْبَاطِ وَ مَاۤ اُوْتِیَ

اِسْحٰقَ	وَ	یَعْقُوْبَ	وَ	الْاَسْبَاطِ	وَ	مَاۤ	اُوْتِیَ
اسحاق	اور	یعقوب	اور	(ان کی) اولاد	اور	جو	دیا گیا

اسحاق اور یعقوب اور ان کی اولاد کی طرف نازل کیا گیا اور

مُوْسٰى وَ عِیْسٰى وَ مَاۤ اُوْتِیَ النَّبِیُّوْنَ مِنْ

مُوْسٰى	وَ	عِیْسٰى	وَ	مَاۤ	اُوْتِیَ	النَّبِیُّوْنَ	مِنْ
موسیٰ	اور	عیسیٰ	اور	جو	دیا گیا	انبیاء (کو)	کی طرف سے

موسیٰ اور عیسیٰ کو دیا گیا اور جو باقی انبیاء کو ان کے رب کی طرف سے عطا

رَّبِّهِمْ ۚ لَا نُفَرِّقُ بَیْنَ اَحَدٍ مِّنْهُمْ ۫ وَ

رَّبِّهِمْ	لَا نُفَرِّقُ	بَیْنَ اَحَدٍ	مِّنْهُمْ (1)	وَ
ان کے رب	ہم فرق نہیں کرتے	کسی ایک کے درمیان	ان میں سے	اور

کیا گیا۔ ہم ایمان لانے میں ان میں سے کسی کے درمیان فرق نہیں کرتے اور

عنوان: نبیوں کا دین ہی سچا دین ہے

(1)...... انبیاء کرام عَلَیْهِمُ السَّلَام کے درجوں میں فرق ہے جیسا کہ تیسرے پارے کے شروع میں ہے مگر ان کی نبوت میں فرق نہیں۔

نَحۡنُ لَهٗ مُسۡلِمُوۡنَ ﴿۱۳۶﴾ فَاِنۡ اٰمَنُوۡا بِمِثۡلِ

بِمِثۡلِ	اٰمَنُوۡا	فَاِنۡ	مُسۡلِمُوۡنَ ﴿۱۳۶﴾	لَهٗ	نَحۡنُ
مثل، جیسے	وہ ایمان لائیں	پس اگر	فرمانبردار، گردن رکھے ہوئے	اس کے لئے	ہم

ہم اللہ کے حضور گردن رکھے ہوئے ہیں ○ پھر اگر وہ بھی یونہی ایمان لے آئیں

مَاۤ اٰمَنۡتُمۡ بِهٖ فَقَدِ اهۡتَدَوۡا ۚ وَ اِنۡ تَوَلَّوۡا

تَوَلَّوۡا	اِنۡ	وَ	اهۡتَدَوۡا	فَقَدِ	بِهٖ	اٰمَنۡتُمۡ	مَاۤ
وہ منہ پھیریں	اگر	اور	وہ ہدایت پاگئے	تو تحقیق، بیشک	اس پر	تم ایمان لائے	(اس کے) جو

جیسا تم ایمان لائے ہو جب تو وہ ہدایت پاگئے اور اگر منہ پھیریں

فَاِنَّمَا هُمۡ فِىۡ شِقَاقٍ ۚ فَسَيَكۡفِيۡکَهُمُ اللّٰهُ ۚ

اللّٰهُ	فَسَيَكۡفِيۡکَهُمُ	فِىۡ شِقَاقٍ	هُمۡ	فَاِنَّمَا
اللہ	تو عنقریب کافی ہو گا تمہیں ان کی طرف سے	ضد، مخالفت میں	وہ	تو صرف

تو وہ صرف مخالفت میں پڑے ہوئے ہیں۔ تو اے حبیب! عنقریب اللہ ان کی طرف سے تمہیں کافی ہو گا

وَهُوَ السَّمِيۡعُ الۡعَلِيۡمُ ﴿۱۳۷﴾ؕ صِبۡغَةَ اللّٰهِ ۚ وَ

وَ	صِبۡغَةَ اللّٰهِ (1)	الۡعَلِيۡمُ ﴿۱۳۷﴾	السَّمِيۡعُ	هُوَ	وَ
اور	اللہ کا رنگ	جاننے والا	سننے والا	وہ	اور

اور وہی سننے والا جاننے والا ہے ○ ہم نے اللہ کا رنگ اپنے اوپر چڑھا لیا اور

مَنۡ اَحۡسَنُ مِنَ اللّٰهِ صِبۡغَةً ۫ وَّنَحۡنُ لَهٗ

لَهٗ	نَحۡنُ	وَّ	صِبۡغَةً	مِنَ اللّٰهِ	اَحۡسَنُ	مَنۡ
اس کی	ہم	اور	رنگ	اللہ (کے رنگ) سے	زیادہ اچھا	کس کا

اللہ کے رنگ سے بہتر کس کا رنگ ہے ؟ اور ہم اسی کی

عنوان: صحابہ کرام رَضِیَ اللّٰہُ عَنْھُم کا ایمان معتبر اور مثالی ہے — اللہ تعالیٰ کا دین ہی سب سے بہتر ہے

(1)...... اللہ کے رنگ سے مراد اس کے دین کے سچے عقائد ہیں۔

عٰبِدُوْنَ ﴿۱۳۸﴾ قُلْ اَتُحَآجُّوْنَنَا فِی اللّٰهِ وَهُوَ

عٰبِدُوْنَ ﴿۱۳۸﴾	قُلْ	اَ	تُحَآجُّوْنَنَا	فِی اللّٰهِ	وَ	هُوَ
عبادت کرنے والے	تم کہو	کیا	تم جھگڑتے ہو ہم سے	اللہ (کے بارے) میں	اور (حالانکہ)	وہ

عبادت کرنے والے ہیں ○ تم فرماؤ: کیا تم اللہ کے بارے میں ہم سے جھگڑتے ہو حالانکہ وہ

رَبُّنَا وَرَبُّكُمْ ۚ وَلَنَآ اَعْمَالُنَا وَلَكُمْ

رَبُّنَا	وَ	رَبُّكُمْ	وَ	لَنَآ	اَعْمَالُنَا	وَ	لَكُمْ
ہمارا رب	اور	تمہارا رب (ہے)	اور	ہمارے لئے	ہمارے اعمال	اور	تمہارے لئے

ہمارا بھی رب ہے اور تمہارا بھی اور ہمارے اعمال ہمارے لئے ہیں اور

اَعْمَالُكُمْ ۚ وَنَحْنُ لَهٗ مُخْلِصُوْنَ ﴿۱۳۹﴾ اَمْ

اَعْمَالُكُمْ	وَ	نَحْنُ	لَهٗ	مُخْلِصُوْنَ ﴿۱۳۹﴾	اَمْ
تمہارے اعمال	اور	ہم	اس کے لئے	اخلاص والے	یا (کیا)

تمہارے اعمال تمہارے لئے ہیں اور ہم خالص اسی کے ہیں ○ (اے اہلِ کتاب!) کیا

تَقُوْلُوْنَ اِنَّ اِبْرٰهٖمَ وَاِسْمٰعِیْلَ وَاِسْحٰقَ وَ

تَقُوْلُوْنَ	اِنَّ	اِبْرٰهٖمَ	وَ	اِسْمٰعِیْلَ	وَ	اِسْحٰقَ	وَ
تم کہتے ہو	کہ	ابراہیم	اور	اسماعیل	اور	اسحاق	اور

تم یہ کہتے ہو کہ ابراہیم اور اسمٰعیل اور اسحاق اور

یَعْقُوْبَ وَالْاَسْبَاطَ كَانُوْا هُوْدًا اَوْ نَصٰرٰی ؕ

یَعْقُوْبَ	وَ	الْاَسْبَاطَ	كَانُوْا	هُوْدًا	اَوْ	نَصٰرٰی
یعقوب	اور	(ان کی) اولاد	وہ تھے	یہودی	یا	عیسائی

یعقوب اور ان کی اولاد یہودی یا نصرانی تھے۔

عنوان

نبوتِ مصطفی صَلَّی اللّٰہُ عَلَیْہِ وَسَلَّم کے بارے میں جھگڑنے والے یہودیوں کو جواب

حضرت ابراہیم عَلَیْہِ السَّلَام کی طرف یہودیت اور عیسائیت کی نسبت کارد

قُلْ ءَاَنْتُمْ اَعْلَمُ اَمِ اللّٰهُ ؕ وَ مَنْ اَظْلَمُ

قُلْ	ءَاَنْتُمْ	اَعْلَمُ	اَمِ	اللّٰهُ	وَ	مَنْ	اَظْلَمُ
تم کہو	کیا تم	زیادہ جانتے ہو	یا	اللہ	اور	کون	زیادہ ظالم

تم فرماؤ: کیا تم زیادہ جانتے ہو یا اللہ؟ اور اس سے بڑھ کر ظالم کون

مِمَّنْ كَتَمَ شَهَادَةً عِنْدَهٗ مِنَ اللّٰهِ ؕ وَ

مِمَّنْ	كَتَمَ	شَهَادَةً	عِنْدَهٗ	مِنَ اللّٰهِ	وَ
(اس) سے جو	چھپائے	گواہی	(جو ہو) اس کے پاس	اللہ کی طرف سے	اور

جس کے پاس اللہ کی طرف سے کوئی گواہی ہو اور وہ اسے چھپائے اور

مَا اللّٰهُ بِغَافِلٍ عَمَّا تَعْمَلُوْنَ ﴿۱۴۰﴾ تِلْكَ اُمَّةٌ

مَا	اللّٰهُ	بِغَافِلٍ	عَمَّا	تَعْمَلُوْنَ ﴿۱۴۰﴾	تِلْكَ	اُمَّةٌ
نہیں	اللہ	غافل	(اس) سے جو	تم کرتے ہو	وہ	ایک امت

اللہ تمہارے اعمال سے بے خبر نہیں ○ وہ ایک امت ہے

قَدْ خَلَتْ ۚ لَهَا مَا كَسَبَتْ وَ لَكُمْ مَّا

قَدْ	خَلَتْ	لَهَا	مَا	كَسَبَتْ	وَ	لَكُمْ	مَّا
تحقیق، بیشک	گزر چکی	اس کے لئے	وہ جو	اس نے کمایا	اور	تمہارے لئے	وہ جو

جو گزر چکی ہے۔ ان کے اعمال ان کے لئے ہیں اور تمہارے اعمال

كَسَبْتُمْ ۚ وَ لَا تُسْـَٔلُوْنَ عَمَّا كَانُوْا يَعْمَلُوْنَ ﴿۱۴۱﴾ ع

كَسَبْتُمْ	وَ	لَا تُسْـَٔلُوْنَ	عَمَّا	كَانُوْا يَعْمَلُوْنَ ﴿۱۴۱﴾ (1)
تم نے کمایا	اور	تم سے نہیں پوچھا جائے گا	(اس کے) بارے جو	وہ عمل کرتے تھے

تمہارے لئے ہیں اور تم سے اُن کے کاموں کے بارے میں نہیں پوچھا جائے گا ○

عنوان: قانونِ عدل کے مطابق ہر ایک اپنے اعمال کی جزا و سزا پائے گا

(1)...... اس میں ان مسلمانوں کے لئے بھی نصیحت ہے جو اپنے ماں باپ یا پیر و مرشد وغیرہ کے نیک اعمال پر بھروسہ کر کے خود نیکیوں سے دور اور گناہوں میں مصروف ہیں۔

www.ingramcontent.com/pod-product-compliance
Lightning Source LLC
LaVergne TN
LVHW070907051026
849558LV00046B/593
* 9 7 8 9 6 9 6 3 1 4 6 4 6 *